Christoph Ruf
Bundesliga anders
Der SC Freiburg und die Ära Streich

Christoph Ruf

Bundesliga anders
Der SC Freiburg und die Ära Streich

VERLAG DIE WERKSTATT

Bibliografische Information der Deutschen Nationalbibliothek:
Die Deutsche Nationalbibliothek verzeichnet diese Publikation
in der Deutschen Nationalbibliografie; detaillierte bibliografische
Daten sind im Internet über http://dnb.d-nb.de abrufbar.

Auch als E-Book erhältlich: ISBN 978-3-7307-0426-4

Copyright © 2019 Verlag Die Werkstatt GmbH
Lotzestraße 22a, D-37083 Göttingen
www.werkstatt-verlag.de
Alle Rechte vorbehalten
Coverfoto: Achim Keller
Satz und Gestaltung: Die Werkstatt Medien-Produktion GmbH
Druck und Bindung: Beltz Grafische Betriebe GmbH, Bad Langensalza
www.beltz-grafische-betriebe.de

ISBN 978-3-7307-0418-9

Inhalt

Bedrohtes Idyll
    Vorwort 9

Der SC Freiburg – nie kopiert, nie erreicht
    Was den SC Freiburg ausmacht, wurde nie an einem Flipchart
    entworfen. Und ist vielleicht gerade deshalb in Stein gemeißelt. 11

Leben an der Kante
    Wie viel stimmen muss, wenn der Sport-Club Erstligist bleiben
    will, hat er in der jüngeren Vergangenheit gleich zweimal im
    Auswärtsspiel bei Hannover 96 vorgeführt bekommen. 24

Eigener Kopf, eigener Wille
    Nils Petersen ist nicht nur bei den Fans beliebt. Auch in der
    Vereinsführung wären viele froh, wenn der Stürmer nach dem
    Karriereende im Verein bliebe. Vielleicht auch, weil er nicht
    alles rosarot sieht, was rund um den SC Freiburg passiert. 30

Familientreffen mit Einlasskarte
    Der Weg zum neuen Stadion verrät auch viel über das
    gesellschaftliche Klima in Freiburg. Für den Sport-Club ist die
    neue Arena existenziell wichtig. Doch ob die Fans sich darin
    irgendwann heimisch fühlen werden, ist fraglich. 47

... aber das Essen war gut
In Freiburg gibt es bislang keine Logen. Um den Sponsoren dennoch etwas bieten zu können, kam man deshalb beim Sport-Club schon früh auf die Idee, mit anderen Pfunden zu wuchern als mit möglichst luxuriös ausgestatteten Einzelzellen für Gutbetuchte. Das beste Essen der Liga dürfte es in Freiburg geben – wo veritable Sterneköche am Werke sind und die Bratwurst vom lokalen Metzger kommt. 60

Zum Abschied nicht mal ein leises Servus
Heiko Butscher war über Jahre eine Identifikationsfigur beim SC Freiburg. Dann wurde er einigermaßen stillos vor die Tür gesetzt. Wer den einstigen Kapitän heute trifft, wird überrascht: Der Co-Trainer des VfL Bochum schwärmt in den höchsten Tönen vom Sport-Club. 68

Dreck unterm Fingernagel
Sven Metzger hat den Podcast *FüchsleTalk* ins Leben gerufen. Lange Zeit war für ihn ein Freiburger Heimspiel ein nahezu perfektes Fußballerlebnis. Mittlerweile ist das Verhältnis erkaltet. Und das hat nicht nur damit zu tun, wie Metzger die Social-Media-Aktivitäten des Vereins bewertet. 76

Viele Fragen – und keine wird gestellt
Bei Mitgliederversammlungen des SC Freiburg geht es erstaunlich harmonisch zu. Selbst dann, wenn kritische Fragen mehr als angebracht wären. Ein Ortstermin. 84

Strukturen für den strukturschwachen Raum
Oliver Leki wurde geholt, um den Stadionneubau zu organisieren und die internen Abläufe zu verbessern. Noch heute wirkt Leki anders als Christian Streich, Klemens Hartenbach und Jochen Saier. Doch das tue dem Verein gut, sagen die. 91

Tragende Wand
    Jochen Saier ist zu 100 Prozent SC-sozialisiert und hat feine Antennen dafür, was zum Verein passt. Dennoch hat er sich eine erstaunliche geistige Unabhängigkeit bewahrt. Für den Verein ist er ein Glücksfall. 98

Alles abgearbeitet
    Kaum ein Fußballspieler hat über die Jahre so viele Opfer gebracht, um Profi zu werden, wie Christian Günter. Die Geschichte des heimatverbundenen Schwarzwälders wirft ein Schlaglicht auf die Nachwuchsarbeit beim SC. 107

The real one
    Menschen, die Christian Streich skeptisch sehen, unterstellen ihm, er stilisiere sich zum politisierenden Fußballintellektuellen. Nichts könnte falscher sein. Selbst wenn er das wollte, er könnte es nicht. Streich ist ein Mensch, der nicht aus seiner Haut kann. Und das nicht nur, wenn es um politische Themen geht. . . 113

Der lange Weg zurück zum kurzen Pass
    Selten war ein Klischee langlebiger als das von den „Breisgau-Brasilianern". Dabei hat es mit dem real existierenden Freiburger Fußballstil nicht mehr viel zu tun. 140

Identifikation statt Powerpoint
    Klemens Hartenbach ist seit Jahrzehnten beim SC Freiburg und hat ein untrügliches Gespür dafür, was dem Verein guttut. Manchmal macht er sich Sorgen, wie viel von dem, was den Verein ausmacht, in die Zukunft herübergerettet werden kann. 146

Ins brennende Haus rennen
    Viele Spieler reden von Identifikation. Mike Frantz lebt sie.
    Das könnte daran liegen, dass er selbst in der Fankurve
    sozialisiert wurde. 159

Money changes everything
    Der SC Freiburg setzt sich vehement für den Erhalt der 50+1-
    Regel ein. Aus Überzeugung – und weil er weiß, dass es dabei
    auch darum geht, ob Freiburg im Profifußball eine Zukunft hat. 167

Tief im Süden
    Ob Langeoog, ob Schruns: Vroni Kromer und Georg
    Strittmatter begleiten den Sport-Club jeden Sommer ins
    Trainingslager. Nie würden sie die Privatsphäre der Spieler
    missachten, vielleicht haben sie gerade deshalb ein solch
    gutes Verhältnis zu vielen von ihnen. Ein Ortsbesuch an der
    Schweizer Grenze – bei zwei außergewöhnlich netten Menschen. ... 174

Eine schöne Perspektive
    Julian Schusters Abschied als Spieler beim SC Freiburg hätte
    stilvoller ablaufen können. Doch der langjährige Kapitän redet
    lieber über Gegenwart und Zukunft beim Sport-Club. Für ihn
    dürfte es noch viel weiter gehen beim SC – ein Glücksfall für
    beide Seiten. 181

Der Autor 187

Bedrohtes Idyll
Vorwort

Schruns im Juli 2019. Der SC Freiburg bestreitet zum 13. Mal in Folge sein Trainingslager in dem Alpenörtchen. So oft war er schon hier, dass sie beim FC Schruns eine riesige Fotowand mit Bildern von Freiburger Trainern und Spielern an der Außenwand des Stadions angebracht haben. Sie wissen eben, dass der SC auch 2020 wiederkommen wird.

Was der Sport-Club einmal für gut befunden hat, das ändert er auch nicht mehr. Man kann das belächeln und muss das vielleicht sogar manchmal. Doch in Zeiten, in denen viele Ligakonkurrenten eine immer überdrehtere Außendarstellung praktizieren, ist die Freiburger Selbstgewissheit ausgesprochen wohltuend. Fast immer in den letzten Jahrzehnten ist es dem SC zudem gut bekommen, dass wichtige Entscheidungen nach reiflicher Überlegung getroffen wurden. Und erst dann, wenn man halbwegs sicher sein konnte, dass weder die notorisch soliden Finanzen noch der innere Zusammenhalt des Vereins gefährdet werden.

Ich begleite den SC Freiburg beruflich seit Ende der 1990er Jahre, seit 2007 dürfte ich nicht mehr als zehn Heimspiele verpasst haben. Freundschaften mit Kollegen und Fans sind so entstanden und natürlich auch Loyalitäten: Beim Sport-Club Freiburg sind mir jedenfalls weit mehr Menschen sympathisch als bei anderen Vereinen. SC-Fan war und bin ich allerdings nicht. Ich finde den Fußweg die Dreisam entlang zum Stadion wunderschön, schätze es sehr, dass es im Stadion friedlich und gelassen zugeht, und freue mich alle zwei Wochen auf ein Wiedersehen mit vielen netten Menschen. Und doch geht es mir eben wie einem Protagonisten aus diesem Buch, dem beim Stadionerlebnis der „Dreck unter den Fingernägeln" fehlt. Privat zieht es mich auch deshalb seit Jahren sowieso eher in die unteren Ligen. Doch das hält mich nicht davon ab, mich bei 16 von 17 Spielen zu freuen, wenn der SC einen Sieg einfährt. Das würde sich allerdings schnell ändern, wenn – sagen wir einmal – Huub Stevens Nachfolger von Christian Streich werden würde oder statt Klemens Hartenbach ein komischer Investor mit dickem Auto und Doppelkinn die Transferpolitik bestimmte.

Vielleicht ist all das ja eine ganz gute Voraussetzung, um sich aus der Nähe anzuschauen, wie dieser Verein funktioniert, was ihn zusammenhält, was ihn bedroht – und was das Geheimnis seines Erfolges ausmacht. Denn nach wie vor ist es ja eine Sensation, dass sich ein Klub mit dermaßen schlechten Voraussetzungen in der ersten Liga halten kann. Den SC Freiburg nennen jedenfalls gefühlt drei von vier Funktionären im deutschen Fußball, wenn sie gefragt werden, wie man einen Profiverein führen kann, damit er gut für die Zukunft gerüstet ist. Dass es fast immer beim reinen Lippenbekenntnis bleibt, ist gut für den Sport-Club, der sich sonst noch größere Sorgen um seine Zukunft machen müsste. Denn schon jetzt gibt es weit mehr Unwägbarkeiten und Gefahren, als Verantwortlichen und Fans lieb sein kann.

Christoph Ruf
August 2019

Der SC Freiburg – nie kopiert, nie erreicht

Was den SC Freiburg ausmacht, wurde nie an einem Flipchart entworfen. Und ist vielleicht gerade deshalb in Stein gemeißelt.

Als der Präsident des VfB Stuttgart in der SWR-Sendung *Sport im Dritten* saß und mal wieder eine Trainerentlassung rechtfertigen musste, kam der SC Freiburg zu Ehren. Auch wenn der mächtige Gönner des Drittligisten Karlsruher SC, Vizepräsident Günter Pilarsky, mal wieder über seinen Verein sinniert, ist das so. So wie die Freiburger muss man es machen, heißt es dann. Und wahrscheinlich meinen sie es in diesem Moment auch genau so, wie sie es sagen, all die Funktionäre von Hamburg bis München und von Karlsruhe bis Stuttgart, die finden, dass man einiges von der Art und Weise lernen kann, wie der Sport-Club seit den Zeiten von Präsident Achim Stocker sein Kerngeschäft versieht. Ruhig, unaufgeregt und mit einem Plan, der länger als die nächsten beiden Spieltage überdauert.

Nur: So wie der SC Freiburg machen sie es eben nicht. Nicht beim VfB, wo sie im Januar 2018 Tayfun Korkut als Trainer verpflichteten und ihm nach erfolgreicher Rückrunde im Sommer ohne jede Not einen hochdotierten Zweijahresvertrag gaben, nur um ihn wenige Wochen später wieder rauszuwerfen, woraufhin sie selbstredend den nächsten teuren Trainer verpflichteten, den sie wieder ein paar Monate später rauswarfen – und abstiegen. Schon diese beiden Personalien dürften einen hohen einstelligen Millionenbetrag gekostet haben. Im Sommer 2019 war der VfB Stuttgart dann auch seinen Präsidenten Wolfgang Dietrich los.

Hier war die Trennung von einem beratungsresistenten Spalter mit merkwürdigem Geschäftsgebaren überfällig. Aber es zeigte eben auch, wie nachlässig in der Fußballbranche Führungspositionen besetzt werden, in denen über dutzende Millionen Euro entschieden wird

Nun macht auch der SC Freiburg Fehler. So neigte mancher Funktionär in den vergangenen Jahren dazu, Kritik als zerstörerisch und nicht als produktiv wahrzunehmen. Doch viele der entscheidenden Fehler, die neben Stuttgart und Karlsruhe auch den meisten anderen Profivereinen Jahr für Jahr Millionen kosten, kann der Sport-Club gar nicht machen. Zum einen natürlich, weil er es sich schlicht nicht leisten kann, so viel Geld aus dem Fenster zu werfen wie der HSV oder der VfB Stuttgart. Das allein erzieht schon zu Sparsamkeit. Vor allem aber, weil der Verein als Geschäftsgrundlage tatsächlich etwas hat, das in einer Branche, die ihre Personalrochaden gerne in möglichst pathetische Worte kleidet, „Philosophie" genannt wird. Der SC Freiburg funktioniert in seiner Grundausrichtung unabhängig von den handelnden Personen. Angestellte des Vereins sind vergleichbar einem Puzzlestück, manches größer, manches kleiner. Doch für alle Teile des Puzzles gilt: Fällt eines heraus, darf es eine andere Farbe haben, aber es muss hineinpassen, die gleiche Form haben wie das Stück, das es ersetzt. Die Konturen des Puzzles bleiben immer gleich. Das nennt man Kontinuität. Etwas, das ja angeblich alle Präsidenten, Manager und Trainer mit aller Kraft anstreben.

Allerdings reicht das Interesse daran, welche Mechanismen beim SC Freiburg wirken, weder in Stuttgart noch in Karlsruhe aus, um sich mal genauer mit der dortigen Arbeitsweise zu befassen. „Stabilität" und „Kontinuität", um die der SC so oft beneidet wird, werden in der Schwarzwaldstraße 193 ja nicht durchs Leitungswasser angeliefert. Stabilität und Kontinuität sind vielmehr Ergebnis der ganz konkreten Alltagsarbeit. So wie man dort arbeitet, stehen die Chancen besser, dass die Transfers gelingen, dass man einen Trainer findet, der länger als ein paar Monate bleibt, und dass man immer wieder Talente heranbildet, die zu Bundesliga-Stammspielern werden. Höchste Zeit also, sich die Elemente der „Philosophie" mal etwas genauer anzuschauen, die dafür sorgen, dass der Verein so beneidet wird.

Jugendstil als Philosophie
Irgendwann im letzten Jahrhundert, also in Zeiten, in denen Fußballvereine noch nicht ständig von einer „Philosophie" redeten, hat sich der SC tatsächlich bereits eine zugelegt. Nicht am Flipchart, sondern weil man einem Mann vertraute, der sich über Fußball ein paar grundsätzlichere Gedanken gemacht hatte als die meisten seiner Kollegen. Auch beim SC Freiburg, das wird gerne einmal vergessen, wurden früher alle paar Monate die Trainer rausgeworfen – bis Finke kam. Spätestens seit dessen Trainerschaft definierte sich der Sport-Club als Ausbildungsverein, also als Verein, der die Spieler entweder selbst ausbildet oder sie günstig einkauft, um sie ein paar Jahre später – wenn sie schon den Verein wechseln wollen oder sollen – für deutlich mehr Geld wieder zu verkaufen. Das war zwar quasi seit Vereinsgründung das Geschäftsmodell eines Fußballklubs, der im faktisch industriefreien Südbaden beheimatet ist. Konsequent durchdekliniert wurde das Modell allerdings nicht, man versuchte halt Jahr für Jahr, möglichst günstig einzukaufen und wechselwillige Spieler möglichst teuer abzugeben. Unter Finke, der ja in Freiburg weit mehr als ein Trainer war, bekam das Ganze dann aber endgültig eine Struktur. Denn dieses Konzept setzt, logisch zu Ende gedacht, nicht nur eine hohe Qualität bei der Ausbildung voraus, also gute Trainer und eine ebenso gute Infrastruktur. Es muss auch Sorge dafür getragen werden, dass die generierten Transfererlöse Stück für Stück für ein Wachstum sorgen, von dem sowohl die Qualität des Kaders als auch die Infrastruktur profitiert.

Im Herbst 2001, also bemerkenswert früh, wurde folgerichtig die „Freiburger Fußballschule" als Nachwuchsleistungszentrum eröffnet. Dass man einen anderen Namen als „Nachwuchsleistungszentrum" wählte, war dabei kein Zufall. Denn der studierte Lehrer Finke legte großen Wert auf den pädagogischen Aspekt bei der Ausbildung junger Menschen. Heute hat jedes Nachwuchsleistungszentrum, das sich um eine Zertifizierung durch die DFL bemüht, wie selbstverständlich einen pädagogischen Leiter. 2001 war auch dieser Freiburger Ansatz geradezu revolutionär.

Zumindest überraschend war die Finanzierung der Fußballschule, denn 20 der rund 27 Millionen D-Mark, die ihre Errichtung damals kostete, zahlte der Sport-Club selbst. Das war eine für damalige Verhältnisse ungeheure Summe. Andreas Bornemann, bis Januar 2018 Sportvorstand beim 1. FC Nürnberg, war der erste Leiter der Fußballschule, Jochen Saier, der von 2003 bis 2013 dort amtierte, sein Nachfolger. Heute befindet sich das Areal am Sternwald unter der Leitung von Andreas Steiert und Tobias Schätzle (Organisation) und Martin Schweizer (Sport). Markus Kiefer und Stefanie Nerling sind für die Pädagogik verantwortlich. Trainiert werden dort gut 170 Spieler der Jahrgänge U23, U19, U17, U16, U15, U14, U13 und U12. Die 16 Internatsschüler wohnen in Einzel- und Doppelzimmern. Damals, bei der Erbauung 2001, sorgte das Gebäude für enthusiastische Schlagzeilen, wie sie heute die Nachwuchszentren in Hoffenheim oder Leipzig hervorrufen: drei Rasenplätze, ein Kunstrasenplatz, drinnen eine Sporthalle, ein Soccer-Court, ein Beachvolleyballfeld und ein Basketballplatz, Kraftraum, eine Sauna. So ähnlich stellte man sich 2001, als selbst in der Bundesliga viele Umkleidekabinen noch wie Umkleidekabinen aussahen, das Schlaraffenland vor.

Gebaut wurde nicht auf der grünen Wiese, sondern auf dem Gelände der traditionsreichsten Freiburger Sportstätte, des Möslestadions – also der angestammten Heimstätte des bereits im 19. Jahrhundert gegründeten Freiburger FC. Für den deutschen

Meister von 1907, der jahrzehntelang der größere Freiburger Fußballverein gewesen war, war das eine Demütigung, von der sich viele Mitglieder des heutigen Verbandsligisten bis heute nicht erholt haben. 1999 hatte der Sport-Club dem ungeliebten Rivalen ein Angebot gemacht, ihm sein angestammtes Stadion abzukaufen.

Wie das Mösle zum Sport-Club kam

„Das Mösle" liegt idyllisch am Rande des Sternwaldes. Eine wuchtige Tribüne begrenzt es auf der einen Seite, auf der anderen Seite – Richtung Schnellstraße und SC-Stadion – standen die FFC-Anhänger auf Höhe der Mittellinie und feuerten ihre Mannschaft unter einem riesigen FFC-Wappen an. 3.000 bis 4.000 Fans kamen in den 1970ern, zum als bodenständiger geltenden Sport-Club gingen damals nur ein paar hundert Fans. Fakten und Geschichten, die sich viele ältere FFC-Fans heute noch erzählen, nicht selten mit einer gehörigen Portion Verbitterung in der Stimme. Denn der älteste Verein der Stadt, dessen Niedergang mit dem erstmaligen Abstieg in die Landesliga einen neuen Tiefpunkt erreicht hatte und der aufgrund des jahrelangen Missmanagements finanziell darnieder lag, konnte letztlich gar nicht anders, als auf das Angebot des Lokalrivalen einzugehen und seine sportliche Heimat zu verkaufen. Dass der Sport-Club den FFC damit endgültig abgehängt hatte, war für ihn durchaus image- und identitätsstiftend. Noch heute lästern ältere SC-Fans liebend gerne über den „Stehkragenverein" FFC, der sich vor einigen Jahrzehnten tatsächlich reichlich arrogant gab. Schon lange ist er aber von jedem Hochmut geheilt und präsentiert sich als überaus sympathischer klassischer Amateurverein, der sich im Sommer 2019 mit dem Aufstieg in die Oberliga auch für die seriöse Arbeit der letzten Jahre belohnte.

Zur Tragik des FFC gehört nicht nur, dass ihn die Sünden der Vergangenheit immer wieder in der öffentlichen Wahrnehmung einholen und dass davon die ehrenamtlich arbeitenden

Vereinsmitarbeiter betroffen sind, die für diese Sünden nicht das Geringste können. Tragisch war auch, dass der Freiburger FC mit der auf fünf Jahre umgelegten Abstandssumme von zusammengerechnet 240.000 Euro – im Übrigen nicht nur aus FFC-Sicht lächerlich wenig –, die der damalige SC-Manager Andreas Rettig ausverhandelt hatte, ebenso schlecht haushaltete wie in all den Jahren zuvor, in denen man sich erst in die Bredouille gebracht hatte, seine Heimstatt verscherbeln zu müssen. Und so stand der FFC 2008 wieder kurz vor der Löschung aus dem Vereinsregister.

Zwischenzeitlich war der FFC vom Möslestadion in das vergleichsweise piefige Schönwaldstadion im Süden der Stadt gezogen. Und selbst die Miete dafür konnte man sich nun nicht mehr leisten. Der Umzug ins heutige Stadion am Dietenbachpark, zunächst auch ästhetisch ein weiterer Abstieg, war unausweichlich. Im Laufe der Jahre haben sie allerdings das Beste aus den Möglichkeiten dort gemacht, das Gelände immer weiter aufgehübscht, so dass es heutzutage ein nettes Erlebnis ist, an einem Samstagnachmittag wieder Fußball beim FFC zu schauen. Doch natürlich werden ältere Mitglieder noch heute wehmütig, wenn sie an das frühere Stadion denken und es mit dem jetzigen vergleichen: einem klassischen Sportplatz, weit weg vom Stadtzentrum, wo eine Bude vom Baumarkt das Kassenhäuschen ist, wo es keine Vereinsgaststätte gibt und wo drei Stufen das ersetzen, was andernorts eine Tribüne ist.

Inzwischen geht es allerdings wieder bergauf. Der FFC hat mit Ralf Eckert einen Trainer, der in der Spielzeit 2018/19 seine zehnte Saison beim Verein bestreitet. Er verficht einen attraktiven, schnellen und offensiven Fußball, der in Freiburg – auf kleiner Flamme – durchaus seine Liebhaber findet. Zu Spitzenspielen kommen wieder bis zu 700 Zuschauer, ein paar SC-Dauerkarteninhaber haben den FFC als Zweitverein entdeckt. Beides wäre vor drei, vier Jahren noch undenkbar gewesen.

In dem Maße, wie es mit dem FFC bergab ging, vollzog sich fast parallel der Aufstieg des historisch gesehen etwas proletarischeren SC. Vor 2001 trainierten die SC-Jugendmannschaften hinter der Haupttribüne des Dreisamstadions. Und das auf einem klassischen Hartplatz, der nun wirklich gar nicht zum eigenen Anspruch passte, modernes Kurzpassspiel von der Pieke auf zu lehren und zu praktizieren. Nun war ein neues Zeitalter angebrochen, Anspruch und Wirklichkeit näherten sich auch bei den Trainingsbedingungen zusehends an.

Um talentierte Jugendliche schon gut zu betreuen, bevor sie Kandidaten für die Fußballschule werden, unterhält der Verein seit einigen Jahren Kooperationen mit einer Reihe von Klubs im Umkreis von etwa 150 Kilometern. Hierzu zählen der Offenburger FV, der FV Ravensburg, der FC Radolfzell, der SV Zimmern, die Sportfreunde Eintracht Freiburg sowie der FV Lörrach-Brombach. Von Freiburg aus gesehen sind also alle Himmelsrichtungen abgedeckt. Talentierte Jugendliche im Alter zwischen zwölf und 16 Jahren erhalten dort zusätzliche Trainingseinheiten von Übungsleitern, die der Sport-Club eigens geschult hat. Dazu kommen Einheiten in Freiburg. Jugendliche, die über all die Jahre herausragen, ziehen dann mit 16 Jahren in die Fußballschule um, auf deren Leitungsebene eine ähnlich große Kontinuität herrscht wie bei den Profis.

„Junge Menschen", kein „Spielermaterial"

Jochen Saier, der heutige Vorstand Sport beim SC, leitete als einer der Vorgänger von Schweizer mehr als zehn Jahre die Fußballschule. Das ist ungewöhnlich in einer Branche, in der die meisten Sportdirektoren Ex-Profis sind. In Freiburg ist die Vita des studierten Sportmanagers Saier allerdings die Regel und nicht die Ausnahme. Von Christian Streich über Saier und den jetzigen Sportdirektor Klemens Hartenbach bis hin zu den Assistenztrainern Patrick Baier und Lars Voßler stammen die Verantwortlichen der Profis aus der Fußballschule. Und die liefert seit Jahren zuverlässig gute Spieler für die erste Mannschaft, die dann häufig gewinnbringend weiterverkauft werden.

Die Liste der Bundesligaspieler, die im Möslestadion zum ersten Mal das Freiburger Trikot trugen, umfasst heuer rund 20 Namen, die bekanntesten von ihnen: Matthias Ginter, Sascha Riether, Oliver Baumann, Ömer Toprak, Daniel Schwaab, Jonathan Schmid, Daniel Caligiuri, Dennis Aogo sowie die langjährigen Leistungsträger des Freiburger Kaders 2018/19 Alexander Schwolow, Christian Günter und Nicolas Höfler. Für Günter und Schwolow interessieren sich längst auch andere, finanzkräftigere Bundesligisten. Doch Günter kickt immer noch in Freiburg und nicht in Leipzig, wo er möglicherweise nur gutbezahlter Back-up für Nationalspieler Marcel Halstenberg geworden wäre.

Vielsagend ist die Anekdote, die die Eltern von Linksverteidiger Christian Günter über dessen Zeit in der Fußballschule erzählen. Voßler, der damalige Jugendtrainer und heutige Co-Trainer von Christian Streich, habe ihnen geraten, während der fußballerischen Ausbildung von Christian auf die zwei Jahre ältere Tochter aufzupassen, da die Gefahr bestehe, dass Geschwister angehender Profis darauf reduziert würden, „Schwester/Bruder von" zu sein. Es dürfte durchaus noch Jugendtrainer in Deutschland geben, die einen solchen Rat gar nicht geben könnten, weil sie von den familiären Verhältnissen der Jugendkicker nichts wissen. Das wäre in Freiburg nur schwer vorstellbar. Ein guter Nachwuchstrainer, sagt auch Cheftrainer Christian Streich, müsse wissen, ob ein Kind bei Opa oder Oma großgeworden ist oder ob es aus einer klassischen Familie stammt. „Es ist schlecht, wenn sie das zufällig nach ein paar Jahren erfahren."

Günter, dessen Verhältnis zur Schwester dem Vernehmen nach exzellent ist, wird heute dann auch ausgiebig gelobt. Streich mag junge Leute, die sich durchbeißen. Eben Spieler wie Günter, der heute einer der besten Linksverteidiger der Liga ist und dem dafür weniger das Talent in die Wiege gelegt war als der Wille, genau diesen Mangel zu kompensieren.

In einer Pressekonferenz hat Streich einmal etwas detaillierter über den Spagat zwischen Professionalisierung und Leistungsorientierung einerseits gesprochen und den Eigenschaften, die den „Lehrer" im „Fußballlehrer" ausmachen. „Die Professionalisierung war gut, ich selbst habe ja als A-Jugendtrainer davon profitiert", sagte er unter Berufung auf die Tatsache, dass er damals, nach den Unijahren, beim SC eine feste Stelle als Jugendtrainer bekam. Aber bevor man die Jugendlichen ins kalte Wasser werfe, müsse der richtige Zeitpunkt erreicht sein. „Sie müssen so weit sein, man darf sie nicht verbrennen." Genau das passiere aber oft. Noch öfter allerdings bekämen bestens ausgebildete Nachwuchsspieler nie die Chance zum ersten Bundesligaeinsatz, weil ihnen immer wieder teuer eingekaufte ältere Spieler vorgezogen würden. In beiden Fällen bleibe etwas Entscheidendes auf der Strecke, so Streich. „Das Wichtigste ist der Bezug zu den Kindern und Jugendlichen. Die Jungs wollen ja einen strengen Trainer, sie wollen aber auch einen, der ein bisschen Vater ist. Einen, bei dem sie wissen: Der ist mir nah, der ist die ganze Zeit da."

Streich hat die Erfahrung gemacht, dass ehemalige Spieler, die er nach ihrem Karriereende wiedertrifft, in aller Regel nicht zuerst über herausragende Spiele ihrer Laufbahn sprechen, sondern über etwas, das offenbar nachhaltiger in Erinnerung bleibt als die Begegnungen mit den Stars der Liga: „Wenn du Spieler nach ihrer Karriere fragst, was hängen geblieben ist, kommt immer etwas Persönliches." Doch genau das, so Streich, vermisse er in unserer kurzlebigen Zeit. „Es gibt Internate, die sehen aus wie Raumschiffe", weiß er, der auch die Sprache solch unwirtlicher Orte kritisiert. Bei Vokabeln wie „Spielermaterial" schüttelt es ihn ebenso wie bei dem Postulat, dass Spieler „funktionieren" müssten. „Spielermaterial", so Streich, „gibt es nicht. Es gibt junge Menschen."

Doch natürlich geht es auch beim SC darum, möglichst viele gut ausgebildete Profispieler heranzuziehen. Und das klappte in den letzten Jahren sehr gut: In den vergangenen zehn Spielzeiten standen im Schnitt pro Saison vier Spieler aus der eigenen Ausbildung im Profikader des SC. Kolossal erfolgreich waren auch die A-Jugend-Teams. 2006, 2009, 2011, 2012, 2014 und 2018 gewannen die Freiburger den DFB-Junioren-Vereinspokal. Damit ist der SC Rekordhalter in diesem Wettbewerb.

Zurück zu den baden-württembergischen Nachbarn des Sport-Clubs. In Freiburg wäre es aus den genannten Gründen unmöglich, dem A-Jugendtrainer, nachdem er vier Jahre im Verein tätig war, charakterliche Defizite vorzuwerfen. Man stellt ja auch bei seiner Ehefrau nicht im fünften Ehejahr fest, welche Haarfarbe sie hat. Undenkbar auch, dass der Vertrag mit einem Trainer erst um zwei Jahre verlängert wird, um ihn in der Anfangsphase einer Saison mit der Begründung zu entlassen, er habe die eingeforderte Spielweise nicht umgesetzt. Wer aber – um beim anfangs erwähnten Stuttgarter Beispiel zu bleiben – von einem Trainer wie Tayfun Korkut attraktiven Offensivfußball erwartet, könnte auch Jogi Löw einstellen, wenn er einen Trainer mit der hemdsärmeligen Außendarstellung von Peter Neururer sucht.

In Freiburg hingegen blieben die Cheftrainer der vergangenen Jahre (fast) alle überdurchschnittlich lange im Amt. Volker Finke (1991 bis 2007) und Christian Streich (seit 2011) waren bzw. sind mit großem Abstand die jeweils dienstältesten Trainer ihrer Zeit. Und auch Robin Dutt (2007 bis 2011) wäre wohl noch etwas länger Trainer geblieben, wenn er nicht von sich aus nach Leverkusen hätte wechseln wollen. Lediglich Marcus Sorg scheiterte kurzfristig. Dass er und nicht sofort Streich Trainer wurde, gehört zu den gravierendsten Fehleinschätzungen der letzten drei Dekaden. Sie wurde nach wenigen Monaten korrigiert. Gerade noch rechtzeitig, um den Abstieg zu vermeiden.

Was jedoch allen Trainern – auch Sorg – gemeinsam war, ist die Akribie, mit der der Nachwuchsbereich beobachtet wird. Während es in der Branche alles andere als unüblich ist, als Profitrainer allenfalls die Namen der drei hoffnungsvollsten Talente im eigenen Nachwuchs zu kennen und sich deren Spiele niemals selbst anzuschauen, wäre das in Freiburg undenkbar. Wie bereits Finke, Dutt oder auch Sorg wissen heute sowohl Trainer Streich als auch Klemens Hartenbach und Jochen Saier, in welcher Aufstellung die Freiburger A-Jugend das Wochenende zuvor gespielt hat – oft, weil sie selbst vor Ort waren. Damit führen sie gewissermaßen eine Tradition fort. Schon der verstorbene Präsident Achim Stocker ging gerne sonntags mit seinem Hund auf der Gegentribüne spazieren und schaute sich die Spiele an. Auch Volker Finke hatte seine Lieblingsecke im Möslestadion.

„Natürlich ist das so, wenn du Cheftrainer in Freiburg bist", sagt dazu Christian Streich. „Das geht auch nicht anders, wenn du beim SC Freiburg arbeitest. Das wäre absolut fahrlässig." Zumal die Bedingungen, unter denen der SC versucht, kluge Transfers zu tätigen, mit jeder Transferperiode schwieriger werden.

Es gibt keine Oasen mehr

Denn schon längst gibt es sie nicht mehr, die Oasen bei der Spielersichtung, die von den Spähern der großen Vereine gemieden werden. Während es zu Finkes Zeiten noch Späße über die ganzen Kicker gab, deren Nachnamen auf -vili endeten, sind heute auch Georgien oder Mali (wo Finke bei Soumaila Coulibaly und Boubacar Diarra fündig wurde) von hunderten Scouts durchkartografiert, die für die europäischen und asiatischen Topligen arbeiten. Als Jochen Saier in der türkischen zweiten Liga – wie er glaubte, noch ein blinder Fleck auf der Fußballlandkarte – einen gewissen Çağlar Söyüncü beobachtete, winkte ihm von der Tribüne des Vereins Altınordu Izmir ein Kollege von einem deutschen Erstligisten zu. Dabei fliegen Saier und vor allem Chefscout Hartenbach immer noch überallhin, wo ihnen ein Spieler auffällt, der gut ins Konzept passt. Sie beobachten ihn mehrfach über 90 Minuten und werben für ihren Verein und ihre Stadt – wohlwissend, dass sie immer dann sowieso keine Chance haben, wenn der Spieler vor allem am finanziellen Teil der Vertragsbedingungen interessiert ist.

Natürlich zahlt auch der Sport-Club mittlerweile horrende Gehälter – gewiss nicht im Ligavergleich, aber auch da hat er zumindest aufgeholt. Und so sind die Argumente, mit denen Spieler nach Freiburg gelockt werden, seit Jahren die gleichen: die Lebensqualität der Stadt. Die Tatsache, dass viele, die als hoffnungsvolle Talente zum SC kamen, zwei, drei Jahre später anderswo einen richtig großen Vertrag unterschrieben haben. Weil die Chance hoch ist, dass sie Einsatzzeiten bekommen, weil sie Fehler machen dürfen und einen Trainer haben, der nicht nur fordert, dass sie „mehr anbieten" müssen, sondern der so lange an ihren Defiziten feilt, bis sie im Idealfall wichtige Stammspieler sind. Wer es beim Sport-Club nicht schafft, heißt es, hat bei den Managern der Ligakonkurrenz erst mal ein Manko: Wenn er es da nicht schafft, denkt sich der ein oder andere, wo sie so viel Zeit mit ihm verbringen, dann wird er es nirgendwo schaffen.

Das Repertoire der Argumente, mit denen die SC-Verantwortlichen für die Vertragsunterschrift in Freiburg werben, ist seit Jahren unverändert. Doch die ökonomischen Rahmenbedingungen haben sich radikal geändert – zu Ungunsten klammer Bundesligisten wie Nürnberg oder Freiburg, die beide in der Saison 2018/19 genau wussten, dass sie keine Chance haben, wenn betuchte Zweitligisten wie Köln und der HSV (aber nicht nur die) ein Konkurrenzangebot abgaben.

Doch damit nicht genug der Unbill. Denn auch die Explosion der finanziellen Ausstattung auf der Insel macht Vereinen wie dem SC zu schaffen. Seit die Premier League einen Fernsehvertrag abgeschlossen hat, der ihr für drei Jahre rund 5,4 Milliarden Euro allein aus der Inlands-TV-Vermarktung verschafft, werfen die Engländer mit dem Geld nur so um sich. Hinzu kommen Auslandsvermarktung sowie Merchandise- und Ticketerlöse, die um ein Vielfaches höher liegen als bei deutschen Klubs. Wenn in Bangkok oder Kalifornien ein Jugendlicher mit Freiburg-Trikot gesichtet wird, ist es unter Garantie ein deutscher Tourist. Trägt er ein Sunderland-Trikot, kann er durchaus ein Einheimischer sein, macht er für Manchester City oder Real Madrid die Litfaßsäule, ist er garantiert einer. Wenn englische Vereine um Spieler wie Leroy Sané, İlkay Gündoğan, Pierre-Emerick Aubameyang oder Kevin de Bruyne buhlen, haben selbst die deutschen Branchenriesen keine Chance mehr, ihre Stars vom Verbleib in der Bundesliga zu überzeugen. Wie sollte Freiburg da argumentieren, wenn Leicester City Çağlar Söyüncü verpflichten will? Wenn der Letzte der Premier League insgesamt mehr Fernsehgelder bekommt als der FC Bayern, sind die Verhältnisse klar.

Leben an der Kante

Wie viel stimmen muss, wenn der Sport-Club Erstligist bleiben will, hat er in der jüngeren Vergangenheit gleich zweimal im Auswärtsspiel bei Hannover 96 vorgeführt bekommen.

Nils Petersen saß nach dem Schlusspfiff weinend in der Kabine, Torwart Roman Bürki liefen die Tränen herunter, als er sich bei den mitgereisten Fans für die Unterstützung bedankte. Und Christian Streich konnte die mühsam aufrechterhaltene Beherrschung nicht mehr wahren, als ihn Wut und Trauer durchschüttelten. Das Interview mit einem Radiosender musste abgebrochen werden, die Emotionen waren stärker als die analytischen Kräfte. Nein, der 23. Mai 2015 war kein schöner Tag in der Freiburger Vereinsgeschichte.

Doch die großen Emotionen nach dem Schlusspfiff mussten beim Freiburger Anhang gemischte Gefühle hervorrufen, denn genau die hatte die Mannschaft während des Spiels nicht gezeigt. Emotions- und wehrlos hatten sich viele Spieler über den Platz geschleppt, Zweikämpfe und Sprints verweigert, schon die Fleißnote stimmte nicht, vom Rest ganz zu schweigen. Symptomatisch, dass man bei einem als Abstiegsendspiel deklarierten Match nach 122 Spielsekunden zurücklag, weil ein 1,73 Meter großer Hüne namens Hiroshi Kiyotake völlig frei zum Kopfball gekommen war. Als dann noch ein groteskes Eigentor durch Pavel Krmaš (84.) dazukam, war der Abstieg besiegelt. Wäre es nicht gefallen, hätte Nils Petersens Treffer kurz vor Schluss doch noch den Klassenerhalt bedeutet. So konnte auch er nicht verhindern, dass der SC am letzten Spieltag von Platz 14 auf Rang 17 stürzte und somit abstieg.

Dabei hätte ein Punkt gereicht, um auch im kommenden Jahr wieder gegen die Bayern spielen zu dürfen. Gegen die hatte der Sport-Club am 33. Spieltag sogar gewonnen, nachdem er beim HSV einen Zähler eingefahren hatte. Und nun das. „Ich hatte vor dem Spiel mit Ersatztorwart Sebastian Mielitz, einem guten Freund von mir, ausgemacht, er solle den linken Arm heben, wenn Hamburg führt, und den rechten, wenn Stuttgart führt – und auf einmal hebt er beide Arme", erinnert sich Petersen. „Nach meiner Einwechslung habe ich dann nichts mehr mitbekommen von den anderen Spielständen. Wir haben dann zwar noch das 1:2 gemacht, aber tief drin wusste man, es reicht nicht mehr. Dann kam Rudi Raschke, der damalige Pressesprecher, auf den Rasen und sagte: Wir sind abgestiegen."

„Ein großer Verein in seinem Wesen"

In den Wochen nach dem wohl unnötigsten Abstieg der Vereinsgeschichte sickerte durch, warum bei Streichs Gefühlsausbruch nach dem Abpfiff auch Wut dabei war und warum bei seinem mittlerweile berühmten Ausspruch auf der Pressekonferenz im Hannoveraner Stadion – „Der Verein ist ein großer Verein, ein kleiner, aber großer Verein in seinem Wesen" – auch mitschwang, dass der Klub größer ist als mancher Spieler, der an diesem Nachmittag mit dem Greifen-Trikot herumspazierte. Das deuten auch die Spieler an, die schon damals im Kader waren und es heute noch sind: „Wir haben heute nicht mehr die individuelle Qualität im Kader, die wir damals hatten", sagt Petersen überraschenderweise am Ende der Saison 2018/19. Und tatsächlich kam ein späterer Nationalspieler wie Petersen im damaligen Kader anfangs nur zu Kurzeinsätzen. Er sieht es heute so, dass das auch an der guten Konkurrenz auf seiner Position lag. Heute ist das Team individuell schwächer – und kollektiv besser. „Das war eine Phase, in der sich viele Spieler über alle Maßen mit ihrer persönlichen Zukunft beschäftigt haben", sagt Sportdirektor Klemens Hartenbach rückblickend. „Das hat man ein bisschen gemerkt."

Im damaligen Kader gab es eine Kluft zwischen den Spielern, die unter Streich großgeworden waren, und denen, die irgendwann als gestandene Spieler gekauft worden sind – qualitativ ein Fortschritt, fürs Mannschaftsgefüge eher eine „Rolle rückwärts", wie es Petersen formuliert. „Wir haben heute ein unheimlich stabiles Gefüge, stabiler als damals. Vielleicht ist es ja derzeit gerade unsere Stärke, eben keine Stars zu haben." Seither achtet der Sport-Club noch mehr darauf, dass mögliche Neuverpflichtungen ins große Ganze passen. Jonathan Schmid, für den das Hannover-Spiel das letzte im SC-Dress war, bevor er zunächst nach Hoffenheim und dann nach Augsburg wechselte, kam im Sommer 2019 zurück. Auch bei Rückkehrer Vincenzo Grifo waren sich Trainerstab und Ex-Kollegen einig, dass Starallüren bei ihm kein Thema sein würden. „Nach dem Abstieg in Hannover hat man dann wieder mehr darauf geachtet, ob das Typen sind, die reinpassen", so Petersen. „Bei Grifo war es natürlich klar. Hätten wir ihn aber nicht schon vorher gekannt, wäre sicher die Frage aufgekommen, ob wir Stars vertragen können, ob sie unserer Mannschaft guttun." Zu fragil sei ein Mannschaftsgefüge, auch dann, wenn es so intakt ist wie derzeit beim SC. „Wir gehen mittags mit 15 Mann essen und frühstücken morgens zu fünfzehnt", betont Petersen, der so etwas noch in keiner anderen Mannschaft erlebt hat. „Ein, zwei Spieler, die da nicht reinpassen, kriegst du immer durch, aber zu viele darfst du nicht haben."

Klemens Hartenbach bekommt noch im Juni 2019 Beklemmungen, wenn er an den damaligen Abstieg denkt. „Ich hatte so etwas vorher noch nie erlebt. Das war wie, wenn du eine schlimme Nachricht kriegst und hoffst, du schläfst jetzt eine Nacht drüber, und es war ein Traum. Und dann wachst du auf und merkst: Es war keiner." Als die Spieler des SC Freiburg mitten in der Nacht zum Sonntag wieder am heimischen Stadion aufschlugen, erlebten sie eine Überraschung. In der Dunkelheit vor der Haupttribüne warteten gut 80 Fans. Sie hatten aufmunternde Transparente dabei und sich einen Schlachtruf zurechtgelegt: „Wir kommen wieder – Bundesliga".

Hartenbach hat sich über diese Geste gefreut, sie hat ihm Mut für die kommende Saison gegeben. Unter den Spielern gab es hingegen einige, die die Szenerie mit gemischten Gefühlen betrachteten. „Wir haben damals einfach Scheiße gespielt", erinnert sich einer. „Das Letzte, was du dann brauchen kannst, sind Fans, die dich verfluchen, das stimmt schon. Aber diese Friede-Freude-Eierkuchen-Stimmung damals habe ich auch als deplatziert empfunden."

„Wenn nicht ‚du da', dann wir nirgendwo"

Ziemlich genau vier Jahre später sollte eigentlich alles anders werden beim Freiburger Spiel in Hannover. Weil der Sport-Club bereits seit der Vorwoche gerettet war, weil Hannover, das sich vier Jahre zuvor durch den Sieg gegen Freiburg noch hatte retten können, so gut wie abgestiegen war. Und weil sich Freiburgs Spieler und Trainer in den Tagen vor dem Anpfiff wild entschlossen gaben, eine Saison, die so vielversprechend begonnen hatte, trotz der jüngsten Niederlagenserie noch versöhnlich zu Ende zu bringen. Und da war noch ein anderer Grund: der Verlauf des Spieles 2015 nämlich. „An Hannover haben wir nicht die besten Erinnerungen. Von der Emotionalität her muss man aufpassen, dass man nicht sagt, wir müssen die jetzt runterschießen. Irgendwie hat man immer das Gefühl, da ist noch eine Rechnung offen", meinte Petersen unter Verweis auf ein paar unsportliche Aktionen der 96er während der Partie 2015. „Ich kann mich noch gut erinnern, wie ich nach dem 0:2 am Mittelkreis stehe und die Jungs anfeuere. Plötzlich kommt ein Hannoveraner Spieler, schnappt sich den Ball und schießt den auf die Tribüne. Und das war nicht das Einzige, was vorgefallen ist."

Guten Mutes fuhren also etwa 2.000 Freiburgfans Richtung Hannover, nur um vier Jahre später nach dem Ende der Partie wieder einer Mannschaft zu applaudieren, die nicht als solche aufgetreten war. Nach einer vollkommen indiskutablen Leistung verlor der SC 0:3. Und wieder waren Spieler und Offizielle zerknirscht. Auch einige Spieler legten den Finger in die Wunde. „Wir sind aufgetreten, als ob jeder von uns einen Rucksack aufgehabt hätte", sagte Petersen. Und Mike Frantz hatte das Gefühl, „dass wir alle mit leerem Tank gefahren sind". Petersen zog derweil schon mal ein ernüchterndes Rückrundenfazit: „Wir haben seit Weihnachten nur zwölf Punkte geholt, das ist schon alarmierend. Im Moment fehlt es an vielen, vielen Stellen." Es gehe nun darum, im letzten Heimspiel gegen Nürnberg eine Saison, die vielversprechend anfing und zuletzt in eine waschechte Krise mündete, „zumindest noch teilweise zu retten". Acht Spiele in Serie hatte der SC nicht mehr gewonnen. Und dann das. „Die Fans reisen hier hunderte Kilometer an und müssen sich dann so ein Gegurke angucken."

Ganz anders als vier Jahre zuvor wirkte hingegen Christian Streich. Nicht deprimiert, nicht schwankend zwischen widerstreitenden Gemütsverfassungen, dem Gedanken, hinzuschmeißen, und dem Trotz, sofort wieder aufsteigen zu wollen. Natürlich war Streich auch diesmal, 2019, sauer. Aber gleichzeitig vollkommen kontrolliert und hellsichtig. „Wir haben in der vergangenen Woche etwas verändert in der Abläufen", berichtete er. Nach der langen Saison habe er dem Team aufwendiges Videostudium ersparen wollen, die Leine ein wenig lockerer gelassen. Dass er in der zurückliegenden Trainingswoche versucht habe, mehr „Lockerheit reinzubringen", sei aber ein Fehler gewesen. Wenn man auf das detaillierte Videostudium verzichte und es unterlasse, jedem Spieler genaue Anweisungen mitzugeben, räche sich das sofort: „Wenn man ein klein bisschen was anders macht, sieht man, was dabei herauskommt. Wenn nicht ‚du da', ‚du da', ‚du da', und ‚du da', dann wir nirgendwo", so Streich wörtlich. Gegen Nürnberg werde wieder jeder Spieler konkrete Handlungsanweisungen bekommen.

Gesagt, getan. Mit einem 5:1-Sieg, nach dem sich diesmal die bereits abgestiegenen Nürnberger Fragen nach ihrer Berufsauffassung gefallen lassen mussten, gelang dem Sport-Club schließlich doch noch ein versöhnlicher Abschluss der Saison. Es gab die üblichen „Nie mehr, nie mehr"-Gesänge zu hören, ein etwa zweijähriger Neffe von Vincenzo Grifo wurde fast so lautstark bejubelt wie der berühmte Onkel, und beim obligatorischen Saisonabschluss-Freibier wurde noch ein bisschen gefeiert. Wie man halt so feiert, wenn der Klassenerhalt seit Wochen feststeht – das Ganze wirkt dann doch eher routiniert als gnadenlos ausgelassen. Und dennoch hörte man aus den Gesprächen bei der Fanfeier immer wieder das gleiche Fazit heraus wie bei Spielern und Funktionären: Gut, dass das letzte Spiel noch so überzeugend gewonnen wurde. Wäre man mit den Eindrücken aus Hannover in die Sommerpause gegangen, wäre im kollektiven Gedächtnis die Saison ganz anders zu Ende gegangen, nämlich nicht mit einem ebenso deutlichen wie verdienten Sieg als Schlusspunkt einer starken Spielzeit, in der der Sport-Club mal wieder sein Saisonziel erreicht und seinen Fans in vielen Spielen große Freude bereitet hat.

Und selbst die beiden Hannover-Spiele können im Nachhinein als pädagogisch wertvolle Veranstaltungen gepriesen werden, veranschaulichen sie doch nur allzu plastisch, was jeder weiß, der den Sport-Club näher begleitet: Dieser Verein hat eine Chance, in der Bundesliga zu bestehen, wenn zwei Faktoren stimmen. Zum einen muss eine Mannschaft mit einer inneren Mitte auf dem Platz stehen. Zum anderen muss mit genau der Akribie und Genauigkeit gearbeitet werden, die in Hannover am 11. Mai 2019 fehlte. Und das in jedem Spiel.

Eigener Kopf, eigener Wille

Nils Petersen ist nicht nur bei den Fans beliebt. Auch in der Vereinsführung wären viele froh, wenn der Stürmer nach dem Karriereende im Verein bliebe. Vielleicht auch, weil er nicht alles rosarot sieht, was rund um den SC Freiburg passiert.

Über den merkwürdigen Sprachgebrauch in der Fußballbranche könnte man ein eigenes Kapitel schreiben. Die Journalisten, die jedes Wochenende Spielern und Trainern ihre Mikrofone entgegenhalten, wundern sich oft schon gar nicht mehr darüber, wenn Spieler „uns mal ein Riesenkompliment machen" wollen. Auch wenn das ähnlich grotesk ist wie die legendäre Selbstbeschreibung von Andreas Möller, der fand, „dass ich immer sehr selbstkritisch bin, auch mir selbst gegenüber". In einer Zunft, die sich selbst Komplimente macht, wird auch von Stürmern erwartet, dass sie nach Torerfolgen „einen raushauen", ein „Ich stand da, wo ein Stürmer stehen muss" sollte es schon sein. Besser wäre: „Das habe ich dann auch super gemacht."

Von Nils Petersen sind solche Sätze nicht zu bekommen. Und das, obwohl er nach wie vor ein Tor nach dem anderen schießt. Vom ersten Tag in Freiburg an scheiterten alle Versuche, ihn der vielen Treffer wegen zum Heilsbringer zu verklären. Und das nicht nur an seinem routinierten Umgang mit den Fallstricken der Mediengesellschaft, sondern auch daran, dass er mit einer ganz natürlichen Bescheidenheit und einer realistischen Selbsteinschätzung gesegnet ist, die in der Branche selten ist. Petersen weiß, wie gut er wirklich ist: nicht so gut, um bei den sechs, sieben Topklubs der Liga ein Kandidat für die erste Elf zu sein. Aber gut genug, um für fast alle anderen Klubs in der Liga zur Waffe zu werden, für Freiburg allemal.

Petersen wurde im Januar 2015 geholt, weil der SC in der Hinrunde der Saison 2014/15 das Kunststück fertiggebracht hatte, in 17 Partien nur 17 Tore zu schießen – davon wurde nur eines von einem etatmäßigen Stürmer erzielt. Das sollte sich ab dem Moment ändern, als Petersen das Trikot mit dem Greif überstreifte. Petersen erzielte bereits bei seinem allerersten Einsatz in einem Pflichtspiel für den Sport-Club einen Hattrick – am 31. Januar gelangen ihm in 24 Minuten drei Treffer im Heimspiel gegen Eintracht Frankfurt. In den zwölf darauffolgenden Spielen, an denen er teilnahm, traf Petersen neunmal. Neun Treffer in 505 Minuten. In nur 505 Minuten. Petersen war in den Spielen, in denen er traf, fast immer nur eingewechselt worden. Was den Gepflogenheiten der Branche völlig zuwiderlief, andererseits sehr viel darüber verrät, wie Christian Streich Fußball versteht. Neben zehn Spielern aus dem real existierenden Freiburger Kader würde auch Neymar bei ihm nicht als Stürmer spielen. Denn er arbeitet zu wenig nach hinten, als dass die Normalbegabten das auffangen könnten.

Dass ein dermaßen guter Stürmer wie Petersen zunächst nicht zur ersten Elf gehörte, verstand auch in Freiburg nicht jeder. Doch er hatte, nachdem er im Badischen angekommen war, offenbar eine eher durchwachsene Wintervorbereitung hinter sich gebracht, vor allem läuferisch war er anfangs nach eigener Einschätzung noch nicht auf der Höhe. Das war auch der Hauptgrund, warum Streich zunächst auf Mike Frantz als zweite Spitze neben Admir Mehmedi setzte. Das Phänomen Karim Guédé, der nach seinem Wechsel vom Erstligisten Freiburg zum Zweitligisten Sandhausen kaum mehr zum Einsatz kam, erklärt sich wiederum so: Streich schätzte neben dessen menschlichen Qualitäten über alle Maßen, dass er vorne Betrieb machte, und sah ihm die fußballerischen Defizite nach, die anderswo ein

Ausschlusskriterium gewesen wären. Dass Klemens Hartenbach Guédé im Sommer 2019 als Scout zurückholte, hat sich Guédé dennoch redlich verdient, zählte er doch in seinen Freiburger Jahren zu den Spielern, die mannschaftsintern am wichtigsten waren. Egal, ob sie nun spielten oder nicht.

Das Hannover-Trauma

Dass Streich in Nils Petersen schon damals einen Spieler erlebte, der sich trotz der Enttäuschung über die Nichtberücksichtigung als Mann mit überragender sozialer Intelligenz entpuppte, freut ihn noch Jahre später so sehr, dass er es auch in Hintergrundgesprächen immer wieder hervorhebt: „Er hat das akzeptiert und seine Kollegen gepusht. Dass er so klasse reagiert, ist mir mindestens so wichtig wie die Tore. Wir brauchen diese Bereitschaft, sich hundertprozentig auf das Wohl der Mannschaft zu konzentrieren."

Umso schlimmer war es, dass Petersen nach dem traumatischen Hannover-Spiel im Mai 2015 und dem feststehenden Abstieg in die zweite Liga seinen Abschied aus Freiburg verkündete. Wobei es wohl keinen einzigen Fan gab, der ihm das übel nahm. Was soll einer wie Petersen auch in der zweiten Liga? Zum Beispiel mit dem SC Freiburg im Montagsspiel gegen den 1. FC Nürnberg wieder drei Tore schießen. So geschehen am ersten Spieltag der Saison 2015/16.

Zu diesem Zeitpunkt lag der Tag, an dem die Freiburger Fans den Abstieg endgültig verschmerzt hatten, bereits einen Monat zurück: Am 28. Juni hatte im Möslestadion ein Testspiel gegen den Freiburger FC stattgefunden, das man (nur) mit 2:1 gewann. Zudem hatte sich der Sport-Club organisatorisch nicht so ganz auf der Höhe gezeigt. Schon am Eingang gab es lange Schlangen, weil viel zu wenige Kassenhäuschen geöffnet waren, das Chaos an den – ebenfalls viel zu wenigen – Getränkeständen spottete jeder Beschreibung. Und als gut und gerne 45 Minuten nach dem Abpfiff Spieler und Funktionäre an einem Biertisch Autogramme schrieben, taten das alle auf der gleichen Autogrammkarte mit seltsamem Motiv: Die Karte zeigte keinen Fußballspieler, sondern ein nacktes Trikot mit Sponsorenlogo. Viele Kinder, die mit leuchtenden Augen noch 45 Minuten nach dem Spiel in der Hitze ausgeharrt hatten, blickten traurig drein, als sie nach dem Unterschriftenparcours 30 identische, gleich hässliche Karten in der Hand hatten. Und die Moral von der Geschicht: Einiges, was beim SC Freiburg nicht ganz so perfekt durchorchestriert ist, ist ausgesprochen charmant. Aber nicht alles.

Die meisten älteren Fans, denen Autogramme herzlich egal sind, kümmerte das allerdings nicht. Weit wichtiger war ihnen die Nachricht, die in der Halbzeitpause von Sportvorstand Jochen Saier verkündet worden war: Nils Petersen, der seine Zelte in Bremen noch gar nicht richtig aufgeschlagen haben konnte, würde nun doch weiter beim SC spielen. 4.500 Freiburger Fußballfans brachen in lauten Jubel aus, als sie das aus den knarzenden Boxen hörten. Dass der vormals ausgeliehene Petersen, der – die Kaufoption war mit dem Abstieg hinfällig geworden – aus seinem Vertrag bei Werder herausgekauft werden musste, von sich aus den Schritt in die zweite Liga mitging, war natürlich eine faustdicke Überraschung. Zum einen, weil sein Berater in den vergangenen Wochen immer wieder betont hatte, dass sein Schützling Freiburg verlassen werde. Und zum anderen, weil offenbar tatsächlich einige Erstligisten um ihn gebuhlt hatten.

Schon in den Wochen zuvor hatte es immer wieder Gerüchte gegeben, der Goalgetter tue sich mit dem Vereinswechsel schwerer, als mancher glauben machen wollte. Seine Wohnung in Freiburg hatte Petersen jedenfalls nicht gekündigt. Dem Verein schien es in den Wochen zwischen seinem Weggang und seiner Rückkehr jedenfalls gelungen zu sein, den Stürmer davon zu überzeugen, dass der neu zusammengestellte Kader das Zeug dazu hatte, den sofortigen Wiederaufstieg zu schaffen. Tatsächlich hatten die SC-Fans beim Testspiel gegen den FFC sehr plastisch vor Augen geführt bekommen, wie radikal der Umbruch im Sommer gewesen war. Von den 25 Spielern erkannten die wenigsten Besucher fünf, sechs Spieler. Kein Wunder, schließlich hatten mit Jonathan Schmid (Hoffenheim), Roman Bürki (Dortmund), Oliver Sorg (Hannover), Pavel Krmaš und Admir Mehmedi (Leverkusen) so gut wie alle Leistungsträger den Verein verlassen, auch Vladimír Darida, Stefan Mitrović und Felix Klaus waren gegangen. Im Gegenzug kamen Tim Kleindienst (Cottbus), Lukas Kübler (Sandhausen), Vincenzo Grifo (Hoffenheim) und Amir Abrashi (Grasshopper Zürich). Doch die Mutter aller Königstransfers war der von Petersen, der zwischen dem letzten Erstligaspiel mit Freiburg in Hannover und dem ersten Zweitligaspiel ja eigentlich nur ein paar Tage an der Weser verbracht hatte.

Profi mit freiem Willen

Der Hauptgrund für Petersens Rückkehr waren aber nicht die überragenden sportlichen Perspektiven in der zweiten Liga. Die weichen Faktoren dürften entscheidender gewesen sein. Petersen selbst ließ sich auf der SC-Homepage mit der Aussage zitieren, ihm sei „irgendwann klargeworden, dass ich hier längerfristig bleiben möchte, unabhängig von der Ligazugehörigkeit". Er habe in Freiburg „ideale Bedingungen vorgefunden – sowohl was das Umfeld, die Arbeitsweise als auch die Kollegen und das Trainerteam angeht". Auf Facebook postete er: „Das mit Freiburg und mir, das passt einfach", und im Sommer 2015 berichtete er: „Ich habe einfach gemerkt, dass ich zurückwollte. Ich habe mich damals aus Freiburg verabschiedet und gedacht: Mensch, den ein oder anderen siehst du nicht wieder, schade."

Nun ist dieses Bekenntnis an sich schon branchenunüblich. In der Regel wechseln Fußballprofis in der immer kürzer werdenden Zeitspanne, in der sie auf hohem Niveau Fußball spielen und Geld verdienen können, dahin, wo ihnen die Parameter Geld und möglicher sportlicher Erfolg am besten erscheinen. Bei Petersen ist das anders. Wenngleich man längst auch in Freiburg gutes Geld verdient, scheinen für ihn andere Prioritäten zu gelten. Denn so wahr es ist, dass Petersen der Freiburger Topverdiener ist, so wahr ist es auch, dass er noch heute anderswo weit mehr verdienen könnte. Doch offenbar haben es ihm Stadt, Region und Verein tatsächlich angetan. „Vier Monate vorher, als ich nach Freiburg kam, hatte mich nichts mit der Stadt verbunden" wundert er sich. „Und dann saß ich plötzlich in der Kabine und habe geweint, weil ich Freiburg wieder verlassen musste." Bis Petersen sich besann, dass er einen freien Willen hat: „Irgendwann kam dann der Moment, an dem ich gesagt habe: Mensch, du hast doch die Zügel selbst in der Hand, du musst doch nicht auf Teufel komm raus irgendwohin, wo du nicht hinwillst."

Man darf davon ausgehen, dass es beim Sport-Club genügend Menschen gab, die Petersen das auch immer wieder in Erinnerung gerufen haben. Streich, Saier und Hartenbach hielten telefonisch Kontakt, aber auch einige Mitspieler, Teammanager Torsten Bauer oder Busfahrer Stefan Spohn bearbeiteten Petersen immer wieder. „Freiburg, so kam es mir zumindest vor, hat sich auch jeden Tag um mich bemüht", erinnert sich Petersen. „Ob das jetzt Offizielle waren oder Mitspieler, die immer wieder geschrieben und angerufen haben. Irgendwann rief dann der Trainer an, und was er mir aufgezeigt hat, klang so interessant, dass ich gesagt habe: Das will ich unbedingt miterleben. Ich habe dann beschlossen, einfach das zu machen, worauf ich Bock habe." Dass er fachlich und menschlich innerhalb kürzester Zeit ein exzellentes Verhältnis zu Trainer Streich aufgebaut hatte, dürfte ebenfalls eine wichtige Rolle gespielt haben.

2015 wurde Freiburgs Topstürmer noch regelmäßig auf seine Zeit bei den Bayern angesprochen. Und tatsächlich steht ja fest, dass ein gewisser Nils Petersen, geboren am Nikolaustag 1988 in Wernigerode, von Sommer 2011 bis 2012 im Kader des Rekordmeisters stand, wo ihm allerdings nicht wesentlich mehr Einsatzzeiten vergönnt waren als all den Del'Hayes, Kirchhoffs und Schlaudraffs der vergangenen Dekaden, die sich im Nachhinein fragen dürften, wo genau der Denkfehler war: bei den Bayern, die sie fälschlicherweise für mögliche Verstärkungen gehalten hatten, oder in ihrer Selbstwahrnehmung als mögliche Bayernspieler.

Nils Petersen selbst, das erzählte er einmal am Rande eines Interviews, hat in dem großbürgerlichen Stadtteil, in dem er wie viele andere Bayernstars mit einer Wohnung versorgt worden war, nicht nur gute Erfahrungen gemacht. Als er sich bei seinen neuen Nachbarn vorstellen wollte, brachte er ihnen einen Teller mit Selbstgegrilltem vorbei – zuvor hatte Petersen ein paar Freunde zu Besuch gehabt. Doch anstatt sich über die nette Geste zu freuen, schauten die ihn nur hochnäsig und ein wenig mittleidig an. Man aß dort offenbar Nobleres als Steaks und Würstchen.

Zudem ist Petersen ein Spieler, mit dem man arbeiten muss, um ihn bei Laune zu halten. So wissbegierig er als Privatmensch ist, so erpicht ist er im Training darauf, in den Bereichen dazuzulernen, in denen er noch Luft nach oben hat. In Freiburg hatte Petersen von Beginn an einen Trainer, der ihn so lange liebevoll darauf hinwies, dass er im Spiel gegen den Ball noch Verbesserungsbedarf hat, bis es in der Liga kaum noch einen Stürmer gab, der fleißiger nach hinten arbeitete als Petersen. Im Topspiel seiner Zweitligasaison beim SC, in dem Freiburg auf RB Leipzig traf und das auf deutlich höherem Niveau als viele Bundesligapartien ablief, schoss Petersen im 20. Ligaspiel für den SC seinen 21. Treffer. Er freute sich nur ausgesprochen zurückhaltend – wie es seine Art ist: „Zur Zeit läuft es. Aber ich kenne auch die Zeiten, wenn die Minuten gezählt werden und die Medien Druck machen." Wie damals in Bremen: „Dort habe ich eine gute Anfangsphase gehabt, auch ein paarmal getroffen. Dann hieß es, der trifft zweistellig, alles war gut. Und kurz darauf warst du dann auf dem Abstellgleis. Da tut es gut zu wissen, dass ich nicht in der 55. Minute automatisch der erste Auswechselkandidat bin, nur weil ich nicht getroffen habe."

„Salopp gesprochen, verblöde ich seit zehn Jahren"

In der ersten Bundesligasaison nach dem Aufstieg schoss Petersen in 33 Partien zehn Tore und gab im Winter dem *Focus* ein vielbeachtetes Interview. „Salopp gesprochen, verblöde ich seit zehn Jahren, halte mich aber über Wasser, weil ich ganz gut kicken kann", stand darin. Der Verein bekam danach massenweise Angebote von Bildungsinstituten, die sich um den Intellekt Petersens kümmern wollten. Dabei lehrt eigentlich die Lebenserfahrung, dass Menschen, die sich selbst für „verblödet" erklären und das als Mangel empfinden, damit nur ihre Intelligenz unter Beweis stellen. Was er damals meinte, konkretisiert er im Frühsommer 2019. „Wenn man zu siebt an einem Tisch sitzt, wollen alle immer nur hören, was man so macht, und die anderen kommen gar nicht zu Wort." Das werde dann oft den Fußballern vorgeworfen, es heiße dann, sie seien abgehoben und hätten nur ein Thema drauf. Um zu vermeiden, dass dieses Klischee auf ihn zutrifft, nimmt sich Petersen regelmäßige Auszeiten vom Fußball. „Wenn ich frei habe, besuche ich meine Freundin bei ihrer Arbeit im Gericht und schaue einfach zu." Sehr spannend sei „dieses Büroleben", findet er. „Ich kenne das normale Arbeitsleben ja gar nicht."

Im Jahr darauf, in der Saison 2017/18, traf er 15-mal. So langsam wurde es unheimlich. Denn Petersen war nun zweitbester Bundesliga-Torschütze hinter Robert Lewandowski. Und wer hätte das besser registrieren können als Bundestrainer Jogi Löw, der ja aus Gründen, die an anderer Stelle recherchiert werden müssen, auffallend viele Freiburger Heimspiele pro Saison sieht, auch die gegen Berlin oder Augsburg, bei denen die Quote an potenziellen deutschen Nationalspielern eher überschaubar ist. Nun hatte er einen ausgemacht: Nils Petersen, den er dann auch für zehn Tage zur WM-Vorbereitung mitnahm, dann aber aus dem Kader strich. Es ist müßig zu diskutieren, welche Fehler Löw im WM-Sommer in welcher Reihenfolge gemacht hat. In der Causa Petersen ist es sicher nachvollziehbar, dass Löw

Petersen nicht zu seinen zwei gesetzten Stürmern zählte. Warum er ihn aber erst nominierte, um ihn dann wieder wegzuschicken, erschloss sich nicht. Schließlich weiß Löw als Dauergast im Freiburger Stadion ja ganz genau, was Petersen kann und was nicht. Dass er im Kreis der Nationalmannschaft plötzlich lauffauler, dafür aber flinker geworden war, ist eher unwahrscheinlich.

Petersen selbst behauptet allerdings einigermaßen glaubwürdig, dass ihm die Ausbootung nichts ausgemacht habe: „Klar wäre ich gerne nach Russland mitgeflogen. Aber ich habe nicht lang gebraucht, um mir zu sagen, dass ich ein Länderspiel gemacht habe und damit Anfang Mai noch nicht im Traum gerechnet hätte." Doch das ist nicht der einzige Grund: „Und dann sind Christian Streich und ich ja beide so mit dem SC verwurzelt, dass wir beide schnell gesagt haben, dass es für den Verein gut ist, wenn ich eine normale Vorbereitung mitmachen kann."

Das klingt nun fast schon kitschig, doch Petersen zeigte in den Wochen nach der WM ziemlich deutlich, dass ihm das Bekenntnis zum SC ernst ist. Denn obwohl ihm wegen der letztlich unnötigen WM-Vorbereitung zehn Urlaubstage fehlten und Trainer Streich ihm wie den anderen Teilnehmern eine längere Sommerpause eingeräumt hatte, verkürzte er seinen Urlaub. „In Freiburg finden die Leistungstests immer an den ersten Tagen statt, da wollte ich gerne dabei sein. Und die Freundschaftsspiele in der Umgebung machen mir auch immer großen Spaß." Teamplayer Petersen bekam so vom ersten Tag an ein Gefühl für die Qualität des Kaders der Saison 2018/19 und äußerte sich positiv: „Ich habe ein total gutes Gefühl, wehre mich ein bisschen dagegen. Es wäre ja ziemlich peinlich, wenn ich überall rumposaune, was wir für eine tolle Mannschaft beisammen haben, und dann haben wir in der Winterpause zehn Punkte."

21 Punkte würden es am Ende der Hinrunde tatsächlich sein, ein 1:0-Sieg beim 1. FC Nürnberg sorgte zwei Tage vor Heiligabend endgültig für zufriedene Gesichter beim Sport-Club. Die

Rückrunde lief dann nicht mehr annähernd so gut, acht Niederlagen und sechs Unentschieden standen nur drei Siege gegenüber. Wobei die Freiburger Verantwortlichen nicht zu Unrecht darauf verweisen, dass der Sport-Club meist ganz ordentlich spielte und einiges Pech hatte, was verletzte Spieler und verwirrte Schiedsrichter betrifft. Da das Punktepolster aus der Vorrunde komfortabel war und vor allem die drei Tabellenletzten aus Stuttgart, Hannover und Nürnberg so gut wie nie punkteten, war recht früh absehbar, dass man erneut die Klasse halten würde. De facto stand es am drittletzten Spieltag fest, als Stuttgart in Berlin verlor.

Jemand für hier

Bei einem längeren Interview einige Wochen vor Saisonschluss wirkt Nils Petersen, der am Saisonende zehn Tore und drei Assists zum Freiburger Klassenerhalt beigesteuert haben wird, ebenso konzentriert wie entspannt. Er kann nicht nur anschaulich erläutern, warum das Klima in der Mannschaft derzeit so gut ist. Er beweist auch bei jeder Frage nach der Ausrichtung des Vereins, dass er den nicht als bloßen Arbeitgeber sieht. Und dennoch hält er kurz inne, als er mit den lobenden Worten konfrontiert wird, die Christian Streich ihm widmete. Dass Petersen „den SC lebt", ist eine für Streichs Verhältnisse ungewöhnlich pathetische Aussage. Und offenbar eine, die Petersen nur bedingt recht ist. „Ich mag es, wenn der Trainer so etwas sagt", betont Petersen an diesem warmen Frühsommertag. Doch die Art und Weise, wie er das wiederum sagt, lässt keinen Zweifel daran, dass gleich eine Einschränkung folgen wird. „Aber ich weiß auch, wie er es meint." Der Trainer möge es „ja nicht so, im Rampenlicht zu stehen. Aber so klein Streich sich manchmal auch macht, so genau weiß er, was für eine Lücke er hinterlässt, wenn er mal geht." Auch deshalb, meint Petersen, lobe er manche seiner Spieler so auffallend oft. „Vielleicht weiß er am besten, wer die Lücke mal füllen könnte."

Überhaupt, so Petersen, habe er in den letzten Monaten immer mal wieder den Eindruck gehabt, dass man sich beim SC gut vorstellen könne, dass er oder Julian Schuster einmal in die Fußstapfen derjenigen treten, die heute das Sagen beim Sport-Club haben. Christian Streich, Jochen Saier und Klemens Hartenbach – oder, wie Petersen nicht ohne Grund sagt, „Streichsaierhartenbach" – sind für Petersen so sehr mit dem SC Freiburg verbunden, dass er sich den Verein nur schwer ohne sie vorstellen kann.

„Ich habe manchmal das Gefühl, dass sie hoffen, dass der ein oder andere auch mal in die Rolle schlüpfen kann", sagt Petersen, der seinem ehemaligen Mitspieler und heutigen Verbindungstrainer Julian Schuster zutraut, eines Tages ein hervorragender Cheftrainer zu sein. Und sein Eindruck, dass auch er in den Planspielen der „drei wahnsinnig intelligenten Menschen, die vorsorgen", eine Rolle spielt, täuscht nicht. „Man hat schon im ersten halben Jahr gemerkt, dass Nils ein besonderer Mensch ist", wird Sportdirektor Klemens Hartenbach ein paar Tage später sagen. „Das ist jemand für hier, ganz klar."

Er selbst weiß hingegen spätestens, seit er hin und wieder gemeinsam mit Schuster und Mike Frantz Fußballspiele im Fernsehen schaut, dass er zumindest zum Trainer weniger taugt als die beiden Kollegen. „Wenn ich mit Schusti Fußball gucke, kann er schon nach fünf Minuten sagen, welche zwei Systeme die bereits gespielt haben, da habe ich noch nicht mal daran gedacht, auf so etwas wie ein System zu achten. Ich schaue ein Spiel ganz anders, achte eher darauf, welcher Spieler welche Ausstrahlung hat, welchen Spielertypus du gerade gebrauchen kannst, wer gerade was verkörpert." Er schaue Fußball noch zu sehr wie ein Fan: fasziniert und „mit Genuss".

Auch Frantz, den Streich in den Monaten zuvor ebenfalls häufig für seine Identifikation mit dem Verein gelobt hat, oder Nicolas Höfler seien als Trainer prädestiniert. „Mike versteht auch extrem viel von taktischen Abläufen. Er ist zudem stark von seiner eigenen Biografie geprägt und sieht, welchen Hintergrund die jeweilgen Spieler haben."

„Manchmal geht es sehr konservativ hier zu"

Petersen werden die Freiburger Fans also wohl eher nicht an der Seitenlinie stehen sehen, wenn er irgendwann seine Karriere beendet. Auch die erwartbare Frage, ob er seine Zukunft dann überhaupt in Freiburg sehe, beantwortet er nicht mit einem gellenden „Ja, klar". Wobei seine Antwort („so ist es geplant") wohl das Gleiche bedeutet. Dass es im Verein einige gibt, die ihn sich jetzt schon bestens als künftigen Verantwortungsträger beim SC vorstellen können, hat einen guten Grund. Denn wer Petersen an diesem Mittag zuhört, merkt sofort, dass da jemand sitzt, der sich über den Verein, für den er seit viereinhalb Jahren Fußball spielt, in einem Maß Gedanken macht, wie es nur selten in dieser Branche vorkommt. Eine Verwendungsmöglichkeit für die Zeit nach der Karriere würde daher wohl jedem Kenner des Freiburger Mannschaftsgefüges sofort einfallen. Zumal Petersen sich seit seiner Ankunft in Freiburg immer mehr in Richtung der gegenwärtigen Vereinspolitik entwickelt hat. Anfangs, 2015, berichtet er, sei ihm das Entwicklungstempo oft zu gemächlich gewesen. „Warum entwickelt ihr euch nicht schneller weiter?", habe er sich oft gedacht. Als er auf den geplanten Stadionneubau angesprochen wurde, war er sofort Feuer und Flamme. Bedenken, ob der Verein nicht ein Risiko eingehe, wenn er seine angestammte Heimat verlasse, wischte er weg. „Ein größeres Stadion? Klar", habe er gedacht. „Und das mit möglichst vielen Plätzen." Schneller, höher, weiter. Dass man nur so weiterkommt im Fußball, hatte er tief verinnerlicht.

Heute sehe er die Dinge anders, differenzierter. „Es ist hier in Freiburg immer die Frage, wie viel Entwicklung, wie viel Modernität und wie viel Veränderung dem Verein guttun." Petersen ist nach wie vor ein Befürworter von Wachstum, und auch wenn er es nicht explizit sagt, fände er es wahrscheinlich gut, wenn –

um nur ein Beispiel zu nennen – auf den Social-Media-Kanälen des Vereins mehr passieren würde. Aber noch größer wäre dann die Angst, dass Aktionismus und Effekthascherei dort einziehen, wo bisher Verlässlichkeit und Weitsicht herrschen. „Ich habe mittlerweile eher das Gefühl, dass es hier aus gutem Grund manchmal recht konservativ zugeht."

Petersen hat schon vor Jahren beobachtet, dass gegnerische Fans ganz anders reagieren, wenn der Freiburger Mannschaftsbus vorfährt, als sie es taten, wenn er im Bremer oder (natürlich) im Bayern-Bus saß. „Da zeigt dir keiner den Fuck-Finger, selbst in Stuttgart eigentlich nicht. Überall, wo du hinkommst, sagen die Leute: Freiburg ist okay, oder zumindest: Gegen die haben wir nichts. Davon leben wir so ein bisschen." Umgekehrt kriege er bei den gegnerischen Mannschaften mit, dass „die und ihre Fans gerne hierherkommen. Die unterstützen dann ihre Mannschaft und hängen noch einen Tag dran, weil man es hier ja durchaus aushalten kann." Ihm fielen durchaus Ligakonkurrenten ein – Petersen nennt jetzt drei, vier Städte –, in denen der Stadionbesuch das einzige Highlight sei.

Petersen wäre nicht er selbst, wenn er es mit diesen Beobachtungen bewenden ließe. Was er dank seiner Neugier wahrnimmt, reflektiert er auch. Und macht sich Gedanken, ob „dieser Charme hier verlorengehen könnte", wenn das Tempo, in dem der Verein sich modernisiert, zu sehr erhöht wird. „Ich fühle mich hier wohl, will hier noch jahrelang Bestandteil sein. Und dann denkst du: Hoffentlich spielen wir in ein paar Jahren noch auf dieser Ebene, im Profibereich, mit." Petersen denkt an Vereine wie Uerdingen, dessen millionenschwerer Gönner Mikhail Ponomarev ein paar Tage zuvor gesagt hat, er würde auch „18 Trainer entlassen", wenn es der Sache diene. Uerdingen also oder „irgendein anderer Verein, wenn einer die Finger im Spiel hat, der Ahnung hat". Was dann drohen würde, ist für Petersen klar: „Jetzt zählst du gerade zu den 18 Besten in Deutschland, dann musst du gucken, dass du zu den 36 Besten gehörst, und dann wird es schon wieder gefährlich."

Die Angst, dass genau das passieren könne, sei allgegenwärtig „Es kann immer sein, dass du zwei richtig schlechte Jahre hast, und dann überholen dich in jedem Jahr zwei andere Vereine." Gerade deshalb, so die auf den ersten Blick überraschende Schlussfolgerung, finde er es gut, dass der Verein kein übermäßiges Risiko eingehe, sich nicht verschulde, um die Lücke zu den Vereinen zu schließen, für die Geld keine Rolle spielt. „Ich finde es gut, dass wir langsam wachsen. Auf diese Weise hat Freiburg das jahrelang geschafft." Zudem sei es ein „wahnsinniges Glück, dass die Menschen hier gar nicht das Bedürfnis haben nach diesem Sensationsjournalismus. Woanders habe ich den Eindruck, die Leute sind da regelrecht scharf darauf."

Suspektes Harmoniebedürfnis

Für einen Menschen, der ein paar Jahre zuvor noch nie in Freiburg gewesen war und nicht die geringste Bindung ins Badische hat, kennt Petersen Land und Leute bereits bestens. Zu wissen, wo man ist, setzt allerdings voraus, dass man rausfinden will, wo man ist. Und Petersen ist eben nicht einer jener Spieler, die sich nach dem Training in irgendein Stammcafé setzen, einen Espresso trinken und die medialen Netzwerke bespielen. Wenn solche Spieler zwei Jahre später den Verein wechseln, ist es immer wieder erschütternd zu hören, was sie zu erzählen haben. Austauschbare Geschichten, die an jedem Ort der Welt hätten passieren können, sind das Höchste der Gefühle.

Petersen ist da völlig anders. Menschen, die ihn gut kennen, beschreiben Neugierde als eine seiner hervorstechendsten Eigenschaften. Mannschaftskoch Stephan Köpfer, der viele Spieler im aktuellen Kader auch zu den Gästen seines idyllischen Restaurants zählt, gerät regelrecht ins Schwärmen, wenn er von Petersen und dessen Interesse an seinen Mitmenschen spricht. Identifikation ist dann eben auch mehr als eine abgenutzte Vokabel aus dem Repertoire von Motivationstrainern. Identifikation setzt voraus, dass man benennen kann, womit man sich identifiziert. Und dass man dementsprechend handelt. „Ich habe ja früher auch anders gelebt", schränkt Petersen ein. „Da bin ich um halb zehn zum Training gekommen, und um halb zwölf bin ich wieder abgehauen. Heute komme ich um halb neun, frühstücke mit den Jungs, und vor 14 Uhr gehe ich meist nicht raus." Das, so Petersen, „zeigt ja wahrscheinlich auch, dass man gerne hier ist." So ist das wohl.

Allerdings ist Petersen niemand, der nun binnen kurzem zum Lokalpatrioten reinsten Wassers mutiert wäre. Das Harmoniebedürfnis, das in der Region herrscht, ist ihm suspekt. Suspekt vor allem, weil er es manchmal als verlogen, zumindest aber als aufgesetzt empfindet. „Hier will man immer heile Welt", hat er erkannt. „Es wirkt hier immer alles so harmonisch und nett, dabei ist das vielleicht gar nicht so." Petersen ist eine direktere, unverblümtere Kommunikation gewohnt, und die Sprache ist nicht das Einzige, das er im Badischen als ein bisschen verzärtelt empfindet.

„Ich bin definitiv ostdeutsch geprägt", sagt er. „Zwar war ich ein Kleinkind zu Zeiten der Wende, aber ich bin großgeworden mit den Werten und Methoden, die damals zuhause praktiziert wurden. Das hat sich ja nicht geändert, nur weil die Grenzen offen waren. Ich höre heute noch gerne zu, wenn die Verwandten und Freunde von früher reden, meine ganze Familie ist ja komplett im Osten großgeworden." Auch im Fußball habe ein anderes Werteschema geherrscht, meint Petersen. „Die Ostschule im Fußball war immer auch eine härtere. Wenn ich das sehe, wie heute die Spieler aus der A-Jugend hochkommen, die fasst man besser mit Samthandschuhen an." Zudem, und in dem Punkt scheint Petersen sie sogar auf eine Art zu beneiden, seien viele mit einem unerschütterlichen Selbstbewusstsein gesegnet. „Die wollen in jeder Übungsform immer den Ball haben."

Wenn er das während seiner Lehrjahre im Jenaer Fußballinternat so praktiziert hätte, wäre ihm das nicht gut bekommen, sagt er. „Das war bei mir komplett anders, da wurdest du von den anderen Spielern erzogen." Von Torsten Ziegner zum Beispiel, dem Jenaer Urgestein und heutigen Hallenser Trainer. „Damals habe ich die gehasst. Ich fand es furchtbar, immer die Schuhe putzen zu müssen, ihnen die Bälle ablegen zu müssen. Wenn du beim Drei-gegen-drei verloren hast, warst immer du als Jüngster schuld." Heute sei er den Altvorderen dankbar. „Ich musste mir alles hart erarbeiten und war froh, dass ich überhaupt so weit gekommen bin. Dadurch wäre schon mal meine Fallhöhe nie so hoch gewesen, wenn ich es nicht in den Profibereich geschafft hätte." Er selbst, so Petersen, sei „leider" anders gestrickt als Ziegner. „Ich bin leider nicht so, wir haben wenige in der Mannschaft, die Spieler erziehen können. Die musst du ja vorsichtig anpacken, weil sie einen anderen Marktwert haben als wir früher und schon mit einem anderen Level in die Kabine kommen."

Tatsächlich klagen die erfahreneren Spieler bei allen Vereinen, dass heute schon 16-Jährige Siegprämien in ihren Kontrakten stehen haben und mit eigenen Ausrüsterverträgen ausgestattet seien. Und wenn sich der große Traum von der glamourösen Profikarriere dann nicht erfüllt, erleben sie die erste und dafür umso tiefere Sinnkrise ihres Lebens. Ein paar Tage später wird sich in Freiburg auch der im tiefsten Westen geborene Saarländer Mike Frantz ähnlich über die junge Spielergeneration äußern. Ist das Ganze also eher ein Gegensatz zwischen Generationen als zwischen einer BRD- und einer DDR-Sozialisation?

Ostdeutsch geprägt

Petersen ist jedenfalls überzeugt, dass seine Ostsozialisation ihn maßgeblich geprägt hat. „Ich glaube, vieles, was man mir zuschreibt, sind schon klassische Ostwerte. Disziplin, Geduld, die Fähigkeit, auch mal ruhig zu sein, das sind schon Dinge, die meine Eltern vorgelebt und eingefordert haben." Petersen kann es manchmal nicht fassen, wenn er beim Einkaufen mithört, wie sich junge Mütter darüber unterhalten, was ihre zweijährigen Kinder alles nicht essen. Er hat dann oft den Eindruck, sie sind regelrecht stolz darauf, dass das alles so kompliziert ist. „Dieses ‚Was magst du denn heute essen, mein Kleiner?' finde ich nach wie vor merkwürdig", sagt Petersen, in dessen Kindheit tatsächlich gegessen wurde, was auf den Tisch kam. „Und wenn das Wetter gut war, haben wir mit meinen Eltern eine Fahrradtour gemacht. Auf die Idee, ‚Och nee, keine Lust' zu sagen, kam bei uns im Ort damals niemand." Ostwerte, glaubt Petersen. „Irgendetwas musste man ja dem Westen voraushaben. Sonst machen sich immer die Wessis über die Ossis lustig, also hat man wohl das Bedürfnis, dem etwas dagegenzusetzen."

Der Osten definiere sich als „Malocherland", die Menschen als prinzipienfest. „Wir stehen für etwas", sei die Selbstwahrnehmung. Fleiß, Hingabe und Solidarität, alles keine schlechten Grundlagen für eine Mannschaftssportart wie Fußball. Und damit genug zu den Ost-West-Differenzen nebst dazugehörigem Witzarsenal, das Petersen meist „ganz lustig" findet. So zum Beispiel, wenn er sich Reste des von Mannschaftskoch und Spitzengastronom Stephan Köpfer gekochten Mittagessens in einer Tupperdose mit nach Hause nimmt. „Das ist natürlich immer guter Stoff für Ossiwitze", lacht Petersen, dem es komisch vorkäme, Essen vergammeln zu lassen, für das er im Restaurant viel Geld bezahlen würde.

Auch über Köpfer hat sich Petersen schon viele Gedanken gemacht. „Ihn hat man hier ja nicht nur dazu geholt, weil er so toll kocht, sondern auch, weil er SC-affin ist." Wenn man Petersen richtig versteht, ist das eine nicht zu unterschätzende Zusatzqualifikation für jeden Vereinsangestellten. Egal, ob er nun mit dem Ball arbeitet, dem Computer oder mit den eigenen Händen.

Familientreffen mit Einlasskarte

Der Weg zum neuen Stadion verrät auch viel über das gesellschaftliche Klima in Freiburg. Für den Sport-Club ist die neue Arena existenziell wichtig. Doch ob die Fans sich darin irgendwann heimisch fühlen werden, ist fraglich.

Sonne, gute Laune, 500 Gäste – und fast wären auch noch die Bayern vorbeigekommen. Keine Frage, die Grundsteinlegung für das neue SC-Stadion im März 2019 könnte unter widrigeren Umständen ablaufen. Im Grunde zelebrieren Verein und Stadt bei diesem Ereignis, bei dem nur geladene Gäste willkommen sind und für das sich die Journalisten wie bei einem Ligaspiel akkreditieren müssen, ja auch die Vorfreude auf das, was einmal eine neue Heimstatt werden soll. Bei Livemusik, Fingerfood und vielen angeregten Gesprächen.

Für Außenstehende wie den aus Hamburg stammenden Architekten Gerhard Feldmeyer, der auch eine Rede hält, muss das alles hier so wirken, als kennen sich die meisten der 500 Gäste seit Jahren persönlich. Was daran liegen könnte, dass es genau so ist. Dass sich irgendwann im Laufe des Mittags ein paar Offizielle mit den unvermeidlichen blauen Bauhelmen aus dem Zelt entfernen und eine Schatulle im Erdreich versenken, stört da auch nicht weiter. Das war ja schließlich auch der Grund der Einladung. In der Schatulle liegen ein SC-Jubiläumstrikot, ein Fanschal, Torwarthandschuhe, eine Vereinssatzung, Stadionpläne, eine Ausgabe des SC-Magazins *Heimspiel* und die aktuelle Ausgabe der *Badischen Zeitung*. Außerirdische, die in ein paar Millionen Jahren just auf dieses Metallkästchen stoßen, werden also etwas zu lesen haben. Vor den Außerirdischen hätten eigentlich die Spieler des FC Bayern hier vorbeikommen sollen, die Landung war zeitgleich mit den Feierlichkeiten auf dem Flughafenareal nebenan geplant. Doch im letzten Moment, die Rede ist von fehlendem Security-Personal, wird die Landeerlaubnis verweigert, und der Bayerntross landet in Basel. Vielleicht sorgt die längere Anreise zum mondänen Colombi-Hotel dafür, dass der Rekordmeister tags drauf nur 1:1 in Freiburg spielt und den SC-Fans so gleich noch einen weiteren Freudentag beschert.

Martin Horn, der im Mai zuvor völlig überraschend die OB-Wahl gegen den langjährigen Amtsinhaber Dieter Salomon gewonnen hat, hält die erste Rede. Die ist zwar etwas zu lang geraten, inhaltlich aber in Ordnung, sieht man mal von den zwei, drei populistischen Äußerungen ab, auf die die meisten Politiker nicht verzichten wollen. „Solch ein Wetter gibt es an einem 29. März auch nur in Freiburg", sagt er (in Karlsruhe und in der Südpfalz ist es zeitgleich zwei Grad wärmer – in vielen anderen Ländern der Erde sicher auch). Und dass es in Deutschland kein Stadion gebe, das landschaftlich so schön eingebettet ist wie dieses, wirft die Frage auf, wie viele Stadien der 34-jährige Fußballagnostiker denn schon aus der Nähe gesehen hat. Seine launige Bemerkung, man wolle im neuen Stadion auch einmal Champions-League-Spiele sehen, ist sicher gut gemeint. Doch wer in diesem Moment in das Gesicht von Christian Streich blickt, hätte meinen können, dass ihm gerade ein sehr schwerer Mensch auf die Füße gestanden sein muss. Dabei war es nur der jugendliche Oberbürgermeister.

Ein Stadion, keine Möbelhalle

Deutlich knapper als der junge Politiker fassen sich Vorstand Leki und Präsident Fritz Keller, der einen „Hexenkessel" ankündigt und ansonsten zu Recht feststellt, dass seine Vorredner schon vieles gesagt hätten, das man nun nicht mehr zu wiederholen brauche. „Unser Stadion wird jedenfalls aussehen wie ein Stadion und nicht wie eine Möbelhalle", verkündet er unter Applaus.

Für Irritation sorgt vor allem bei den wenigen Besuchern, die zur aktiven Fanszene gehören, ein schick gemachter Imagefilm, bei dem den SC-Offiziellen aber auch nicht ganz wohl zu sein scheint. Denn sie betonen mehrfach, es handle sich nur um einen Entwurf. Tatsächlich zeigt der Film fast ausschließlich Modelle der Business- und Logenbereiche. 1.800 Business- und 200 Logenplätze sind vorgesehen. Und während manch einer in dem nun wirklich schon sehr warmen Zelt voller Vorfreude auf den mutmaßlichen künftigen Stammplatz schaut, sieht man auch Sorgenfalten. „Na ja, wenn es das ist, worum es künftig geht", sagt ein Mittdreißiger mit Stehplatz-Dauerkarte. Doch solche Sorgen sind unbegründet, wenn man Vorstand Leki glauben darf. Der betont schließlich immer wieder, wie wichtig es sei, dass die Fans in die Planungen einbezogen worden seien und ihre Wünsche, beispielsweise zu Zaunhöhen, einbringen hätten können. Zudem sei mehr als ein Drittel der Plätze als Stehplätze ausgewiesen. Das neue Stadion solle für alle da sein. Tatsächlich ist eine durchgehende, steil abfallende Stehplatztraverse im ansonsten aus zwei Rängen bestehenden Rechteck geplant. Eine Südtribüne nach Dortmunder Vorbild, nur eben kleiner.

Allerdings gehört es bislang für viele SC-Fans zum Stadionalltag dazu, nach dem Spiel in eine der zahlreichen Stammkneipen zu gehen, die zum Teil selbst zu Fuß bequem in einer Viertelstunde zu erreichen sind. Das neue Stadion hingegen liegt in jeder Hinsicht in einer Randlage. Kneipen, Cafés und Restaurants gibt es nicht. Der Spieltag, der in Freiburg – ähnlich wie bei anderen innerstädtischen Stadien wie dem Hamburger Millerntor – bisher für tausende Menschen tatsächlich ein Spieltag war, wird sich künftig für viele auf die Stunden des Spiels reduzieren. Ein Spiel, zu dem man rechtzeitig anfährt und das man nach Schlusspfiff schnell wieder in Richtung eigenem Wohnort verlässt. Das neue Stadion, so hoffen die Offiziellen, soll dennoch möglichst schnell zu einem Ort werden, an dem man sich auch vor und nach der Partie gerne aufhalten möchte.

Integriert in den Neubau werden die SC-Geschäftsstelle und der Funktionsbereich für die Profis sowie die U23-Mannschaft. Zudem sind zwei Trainingsplätze und drei Torwarttrainingsplätze vorgesehen. Im Stadion selbst wird es vier große Zugänge und eine umlaufende Promenade, von der aus man das Spielfeld bereits sehen kann, geben. Der komplette Eingangsbereich soll zudem überdacht sein. All das sind Maßnahmen, die zum einen dafür sorgen sollen, dass sich die Klientel auf den teureren und günstigeren Plätzen begegnen kann. Zum anderen soll das Dach gewährleisten, dass auch bei schlechtem Wetter nicht alles mit dem Schlusspfiff zu Autos und Bahnen hastet. Zumal sich die Essens- und Getränkestände auch über die Euros freuen, die sie nach dem Spiel einnehmen.

Noch ist es aber nicht so weit, wenngleich man hier in der Freiburger Frühlingssonne nicht den Eindruck hat, als ob noch irgendjemand ernsthaft mit größeren Widerständen gegen das Bauvorhaben rechnet. Doch zum Zeitpunkt der Grundsteinlegung sind vor den Verwaltungsgerichten Freiburg und Mannheim noch zwei Klagen gegen den Stadionneubau anhängig – Ausgang offen. Im Vergleich zu den Widerständen, die das Stadionprojekt bis zu diesem Zeitpunkt überwunden hat, ist das wohl aber tatsächlich zu vernachlässigen, zumal das Freiburger Verwaltungsgericht im Mai 2019 beschließt, dass ein Baustopp aufgrund der anhängigen Klagen nicht zulässig sei.

Vier Jahre zuvor, am 1. Februar 2015, hatte man bei den Freiburger Funktionären noch viele sorgenvolle Mienen gesehen, bis dann um kurz vor 19 Uhr in der Gerichtslaube des Rathauses lauter Applaus aufbrandete. Zu diesem Zeitpunkt verkündete Andreas Kern vom Amt für Statistik das Ergebnis des 139. von insgesamt 147 Stimmkreisen, eines von vielen, das mit 60 Prozent für den Stadionneubau ausgefallen war. Der Rest war Formsache, denn nun stand fest, dass auch das Quorum erreicht war. 3.000 Freiburger mehr, als nötig gewesen wären, sind zur Urne gegangen, und sie haben die Stadionpläne des SC mit einer deutlichen Mehrheit ausgestattet. 45.629 Ja-Stimmen (nötig waren 42.284) standen schließlich 32.790 negativen Voten gegenüber. 58,2 Prozent hatten sich also für den Neubau im Stadtteil Mooswald, unweit der Freiburger Messe, entschieden.

Enttäuscht zeigten sich die Stadiongegner. Er habe mit einem weniger klaren Ergebnis gerechnet, gestand Wolf-Dieter Winkler, Fraktionsvorsitzender der Initiative „Freiburg Lebenswert", die sich gegen den Stadionneubau an dieser Stelle ausgesprochen hatte. Offensichtlich sei die „Verbundenheit mit dem SC stärker als ökologische und finanzielle Aspekte", sagte er, einigermaßen beleidigt, der *Badischen Zeitung*. „Die Dohlen hätten anders abgestimmt." Seine Kollegin Gerlinde Schrempp ergänzte: „Der Bürger hat entschieden, jetzt zahlt der Bürger auch."

Während sich die Stadiongegner am Abend der Abstimmung in mutmaßlich eher gedämpfter Stimmung in einer Gaststätte im Stadtteil Mooswald trafen, feierten die Befürworter bis in die frühen Morgenstunden in der Passage 46 am Stadttheater. Unter den Gästen waren auch Freiburgs Coach Christian Streich und Bundestrainer Joachim Löw, der sich ebenfalls für den Stadionneubau ausgesprochen hatte. Schon die Orte der jeweiligen Treffen waren symbolträchtig. Hier der Randstadtteil, der nun eine riesige Baustelle bekommen würde. Hier das Zentrum der Stadt, das das Ergebnis als Sieg feierte.

Das Riesending

Ein paar Monate später blickte Präsident Fritz Keller mit gemischten Gefühlen auf das Referendum zurück. Er sagte es nicht in dieser Deutlichkeit, aber eigentlich fand er, dass die Politiker solche komplexen Fragen besser selbst entscheiden sollten, ohne die Verantwortung von sich zu schieben. Dafür seien sie schließlich gewählt worden. Zumal ein Plebiszit in aller Regel nicht unbedingt von denen entschieden werde, die von dessen Folgen hauptsächlich betroffen seien, fand Keller. „Die Gesellschaft wird immer älter, und ältere Menschen denken nicht so stark an die Zukunft. Wir haben aber eine Verpflichtung gegenüber der jungen Generation." Die Skepsis gegenüber allem Neuen dürfe nicht zum Stillstand führen. Im Falle der Stadionabstimmung hatte sie das allerdings auch nicht. Ein Sieg der Vernunft, so sah er das.

Keller konnte die Argumente, die aus seiner Sicht für den Neubau sprachen, nach dem monatelangen Wahlkampf im Schlaf herbeten. Während die Konkurrenz in ihren topmodernen Arenen alleine durch die VIP-Bereiche mehr Geld als mit abertausenden Stehplatztickets einnimmt, geht dem SC Jahr für Jahr ein sieben- oder achtstelliger Betrag an Umsatz durch die Lappen. Das kuschelige Stadion, von dem aus man diesen herrlichen Blick auf tannenbewachsene Hügel hat, ist ökonomisch ein echter Wettbewerbsnachteil. Da wäre zum einen die geringe Kapazität von nur 24.000 Zuschauern – bei vielen Spielen hätte man ein Vielfaches an Tickets verkaufen können. Das neue Stadion wird nun knapp 35.000 Plätze haben. Zudem verfügte der Sport-Club jahrzehntelang als einziger Bundesligist über keine einzige Loge, Millionen Euro an möglichen zusätzlichen Einnahmen gingen dem Verein so durch die Lappen.

Gerade, in der zurückliegenden Winterpause 2018/19, hat der Sport-Club um einen Mittelfeldspieler gebuhlt. Freiburg war als erster Bundesligist an ihm interessiert gewesen, vier weitere warfen dann in den Monaten darauf den Hut in den Ring. „Und plötzlich waren wir die mit dem fünftbesten Angebot", sagt Christian Streich bitter. Was das mit dem neuen Stadion zu tun habe? „Auf Dauer wären wir in unserem alten Stadion eben einfach nicht mehr konkurrenzfähig gewesen. Und da rede ich nicht von der ersten Liga." So sieht es auch Keller: „Ohne ein neues

Stadion werden wir uns im Haifischbecken Bundesliga nicht halten können. Wir brauchen es für die erste, aber im Fall eines Abstieges auch für die zweite Liga."

Intern machen sie sich beim Sport-Club vor allem Sorgen, was im Falle eines Abstiegs passieren wird. Zwar scheinen die Zeiten erst mal vorbei, als wie zu Beginn der Nullerjahre zuweilen nur 13.000 Fans die Spiele gegen Fürth oder Duisburg sehen wollten. Doch zumindest dem dauerskeptischen Teil der SC-Sympathisanten traut man Häme durchaus zu. „Jetzt spielt ihr mit dem Riesending in der zweiten Liga", werde der ein oder andere triumphieren, fürchtet man. Und nimmt sich noch fester vor, so bald nicht wieder abzusteigen.

Ein Bauherr, der seriös wirkt

Zurück zum Referendum. Es gab durchaus auch rationale Gründe gegen das Bauvorhaben. Dass die Anwohner im Viertel Mooswald keine Freudensprünge machen würden, wusste man im Verein und in der Freiburger Politik, die sich mit großer Mehrheit für den Neubau ausgesprochen hatte. Flächenverbrauch bleibt Flächenverbrauch, jeder Quadratmeter, der mit Beton zugekleistert wird, verdrängt Natur. Und natürlich bindet das Stadionprojekt auch kommunale Mittel, die ansonsten anders eingesetzt werden könnten.

Ein gutes Argument auf Seiten der Stadionbefürworter war jedoch, dass der Sport-Club für das Stadion im Westteil der Stadt einen weitaus höheren Eigenanteil als die meisten Konkurrenten beisteuert. 26,5 Millionen Euro der Gesamtkosten von derzeit geschätzten 76,5 Millionen Euro trägt der Verein, 9,5 Millionen Euro zahlt die Stadt, die darüberhinaus die Erschließungs- und Infrastrukturmaßnahmen in Höhe von rund 55 Millionen Euro zusammen mit dem Land Baden Württemberg finanziert. Die gut 50 Millionen Euro, die noch zur Finanzierung des eigentlichen Stadions fehlen, werden über Darlehen finanziert, die der SC wiederum in Form von Darlehen für die Stadionpacht abzahlt.

131 Millionen Euro soll das Gesamtvorhaben also nach derzeitigem Planungsstand kosten. Da die Parkplatzflächen außerhalb der Spieltage anderweitig genutzt werden können, bestehe öffentlicher Bedarf. Den Rest, also gut 60 Millionen Euro, zahlt der SC. 20 Millionen Euro davon sofort, den Rest indirekt über jährliche Pachtzahlungen. Ein solch hoher Eigenanteil ist im Fußballbusiness, in dem dutzende Vereine faktisch vom Steuerzahler alimentiert werden, eine beachtliche Eigenleistung.

Die Möglichkeiten, wie Kommunen oder Bundesländer direkt oder indirekt gewinnorientierte Profivereine alimentieren, sind ja mannigfaltig und werden dementsprechend genutzt. Da fungieren kommunale Energieversorger als Trikotsponsoren, da finanzieren Kommunen komplette Stadien oder verzichten gar völlig auf die ausgemachten Pachtzahlungen, wenn die Vereine mal wieder in finanzielle Schieflage geraten. Der hohe Eigenanteil, den der Sport-Club beisteuert, hat also auch positive Folgen für das Mikroklima in der Stadt. Denn auch aus diesem Grund scheint die Mehrheit der Stadtgesellschaft den Baudeal ausgewogen zu finden, laut einer Emnid-Studie ist die Zustimmung im Umland mit 75 Prozent sogar noch einmal höher als in der Stadt. Zumal der SC zu den wenigen schuldenfreien Vereinen der Liga gehört. Dass der Verein seine Verpflichtungen einhalten wird, zweifelte dann auch kaum ein Stadiongegner an.

Lehrstunde in Demokratie

Dass die Volksabstimmung über das neue Freiburger Stadion nicht als unbedeutende kommunalpolitische Angelegenheit betrachtet wurde, sondern überregional breite Beachtung fand, lag an der politischen Großwetterlage. Wenn sich der langjährige Oberbürgermeister Dieter Salomon (2002 bis 2018) im Stadionwahlkampf zu der dreisten Aussage, die Stadiongegner argumentierten „wie Pegida ohne Islamophobie", verstieg, dann lag das auch daran, dass die Aufmärsche der angeblich besorgten Bürger und offen rechtsextremistischer Verbände die Statik der

Bundesrepublik so durcheinanderwirbelten, dass die Skepsis weiter Teile der politischen Elite gegenüber plebiszitären Elementen weiter verstärkt wurde. „Volkes Stimme", so die Befürchtung, werde sich immer eher für die Einführung der Todesstrafe als für mehr Demokratie erheben. Was im Übrigen eine Fehleinschätzung ist, alle entsprechenden Studien weisen überwältigende Mehrheiten gegen die Todesstrafe nach.

In Freiburg lief der Weg zur Volksabstimmung nun anders, was nach Einschätzung von Salomon vor allem daran gelegen habe, „dass die Menschen wissen, worüber sie abstimmen". In all den Jahren als Oberbürgermeister habe er „noch nie eine Vorlage eingebracht, die so ausführlich und so gewissenhaft geprüft und gegengecheckt war wie die Stadionentscheidung. Die Menschen waren bis ins letzte Detail darüber informiert, wie die Verkehrserschließung aussehen soll, welche Probleme beim Naturschutz zu lösen sind und wer wann wie viel bezahlen muss. Das hat sich ausgezahlt."

Tatsächlich hat es überregional viele Menschen beeindruckt, mit welcher Ernsthaftigkeit da eine große Stadt über ein Infrastrukturprojekt debattierte, wie minutiös beide Seiten um das bessere Argument rangen. Wo auch immer man sich in Freiburg umhört, auch hier haben die Menschen einen Wahlkampf in Erinnerung, der diesen Begriff auch verdient und nach einhelliger Meinung auf weit mehr Interesse stieß als die letzte Bundestagswahl. In Kneipen, bei Familienfeiern, in der großen Pause der Schule – überall habe es nur ein Thema gegeben, berichten Menschen aller Generationen. Und das lag nicht nur an der Materialschlacht, die sich beide Seiten lieferten und die sich in tausenden Plakaten an den Litfaßsäulen und Laternenmasten niederschlug. Und es lag nicht nur an den Prominenten, von Christian Seifert bis Marcel Reif, die für den SC-Kurs warben. Es lag an lebendigen und engagierten Diskussionen, die umso mehr Fahrt aufnahmen, je mehr die Bürger das Gefühl bekamen, dass ihre Stimme mit ausschlaggebend sein würde. Ein Sieg der

Demokratie – auf jeden Fall. Und vielleicht auch ein Signal, dass Großprojekte durchsetzbar sind, wenn man sie seriös erklärt und nicht versucht, die Menschen zu überrumpeln.

In Freiburg behaupten viele tausend Menschen von sich, dass sie die heutige Heimstätte des SC Freiburg schon zu den Zeiten besucht haben, als an Bundesliga- oder gar Europapokalspiele gar nicht zu denken war. Ein paar hunderten davon kann man das glauben, bei den anderen verhält es sich wie bei den Millionen von Fans der Mega-Acts aus dem Musikbusiness. Auch Coldplay, Bruce Springsteen oder Madonna haben hunderttausende Anhänger, die angeblich schon die erste Single-Auskopplung im Plattenschrank hatten. Und zwar die in der 300er Auflage.

Noch in den späten 1980ern, als es im Zweitliga-Alltag gegen Ulm oder Solingen ging, waren jedenfalls selten mehr als die immer gleichen 2.000 Leute im Stadion. Auf der damals noch unüberdachten Gegengeraden konnte man derweil mühelos vom Steh- zum Sitzplatz überwechseln, indem man sich einfach auf eine der Stufen in die Sonne setzte. Platz war immer zur Genüge vorhanden. „Wer wie ich dem SC schon als Student von der Gegengeraden des Dreisamstadions aus zugeschaut hat, wird nicht ohne Wehmut umziehen", sagt Grünen-Politiker Salomon heute, wenn er darauf angesprochen wird, dass der Sport-Club spätestens zu Beginn der Saison 2020/21 seine Heimspiele im Nordwesten der Stadt austragen wird. „Aber dort wird wieder etwas entstehen, das einen ganz eigenen Charakter besitzt, der zum Sport-Club und zu Freiburg passt."

Natürlich könnte man Salomons Urteil schnell als Pflichtaufgabe eines Kommunalpolitikers abtun, der das größte Infrastrukturprojekt der kommenden Jahre nicht madig machen will. Doch seine Stimmungslage wird in der Stadt von vielen geteilt. Egal, ob man in der etwas raueren Kneipe Atlantik fragt, die an Spieltagen aus allen Nähten platzt, oder im gediegeneren Feierling, einer Hausbrauerei, oder ganz einfach auf dem Wochenmarkt am Münsterplatz – man findet auch in den Monaten und Jahren nach der Abstimmung nur wenige Menschen, die die Umzugspläne des Vereins kritisieren würden. Das ist allerdings auch nicht überraschend, schließlich haben selbst die ansonsten so kritischen Ultras nach Kräften für den Stadionneubau geworben.

Neben der Einsicht in die Notwendigkeit ist bei vielen so etwas wie Vorfreude auf das Neue zu spüren. „Geht ja nicht anders", sagt in der Straßenbahnlinie 1 ein Fan aus Lahr. Und schiebt nach, dass er sich aufs neue Stadion freue. „Da spare ich locker jeweils eine Stunde auf dem Hin- und Rückweg. Und auf Dauer könnte der Verein an alter Stelle halt auch nicht überleben." So etwas wie Wehmut empfindet er also nicht? „Doch, klar", sagt er. Nach verdächtig langem Nachdenken. „Aber ehrlich gesagt hat der neue Standort für mich mehr Vor- als Nachteile." Tatsächlich liegt das alte Stadion in einem toten Winkel der 230.000-Einwohnerstadt, dementsprechend miserabel ist die Verkehrsanbindung. Das neue Stadion hingegen wird im Wolfswinkel entstehen, ganz in der Nähe der Messe und des Flugplatzes – mit besserer Anbindung an Stadt- und Straßenbahn und exzellenter Erreichbarkeit über die A5.

Typisch Freiburg: Große Koalition fürs neue Stadion

Doch auch wenn die Gründe für einen Umzug noch so plausibel sein mögen, hat das ja nicht zwangsläufig zur Folge, dass die Fans mit der neuen Heimat schnell warm werden. Stadionneubauten auf der grünen Wiese haben anderswo dazu geführt, dass sich mancher Fan abwandte, der früher urbane Lage und die gute Erreichbarkeit – auch per Fahrrad – geschätzt hat. Damit es in Freiburg anders kommt, hat der Verein ganz bewusst Fans und Mitglieder in die Planungen einbezogen.

Ein entscheidender Punkt für die Unterstützung durch die Fans war dann auch, dass der Verein schon früh glaubhaft machen konnte, dass nicht nur VIPs sich an neuer Stelle wohler fühlen würden – sondern auch die Stehplatzfans, die derzeit auf der Nordtribüne für Stimmung sorgen. Dass das später in der Präsentation bei der Grundsteinlegung nicht dokumentiert ist, ärgert einige Funktionäre deshalb selbst, doch einen Tag später ist auch das vergessen – selbst „auf Nord", der Stehplatztribüne im alten Dreisamstadion.

Auch dort hatte es keine nennenswerte Opposition gegen die Umzugspläne gegeben. Nicht in der Mitgliedschaft, aber auch nicht in der Ultraszene, die sich andernorts vehement für den Erhalt traditioneller Spielstätten einsetzt. In Freiburg hingegen machte die aktive Fanszene mit eigenen Mitteln Werbung für den Umzug. Ein Vertrauensvorschuss, den der Sport-Club zurückzahlte. Als nun am 31. August 2017 der Siegerentwurf fürs neue Stadion präsentiert wurde, zeigte sich, dass 12.400 der insgesamt 34.700 Plätze als Stehplätze ausgewiesen sind – das war eine zentrale Forderung der Fans gewesen. Auch der Entwurf vermeidet einige Fehler, die Fans neue Arenen schnell verleiden können. Ähnlich wie in englischen Stadien sollen die Ränge möglichst nah am Rasen beginnen, sie sollen steil abfallen, der Stehplatzbereich – der dann Süd- statt wie bisher Nordkurve heißen wird – besteht aus einem Rang. Und da die Ecken anders als beim Dreisamstadion geschlossen sind, sollen die akustischen Voraussetzungen optimal sein, um vielleicht noch ein paar Dezibel mehr hinzubekommen.

Doch selbst wenn man in Rechnung stellt, dass das neue Stadion intelligent konzipiert und im Vorfeld vieles dafür getan wurde, damit sich möglichst wenige Fans und Bürger überfahren fühlen – es bleiben zwei dicke Fragezeichen. Erstens, ob das neue Stadion von all denen überhaupt angenommen wird, die bisher ins Dreisamstadion kamen. Und zweitens, ob es gelingt, die 10.700 zusätzlichen Plätze halbwegs zu füllen. Eine Antwort darauf bleibt notwendigerweise spekulativ. Dass die Heimspiele gegen die Bayern oder den BVB ausverkauft sein werden, kann man getrost annehmen. Und manch anderer attraktive Gegner

(Schalke, Frankfurt, Gladbach, Stuttgart) dürfte auch auf ein paar tausend Interessenten mehr stoßen. Aber die Schwarzbrotspiele gegen die Wolfsburgs und Hoffenheims dieser Liga? Da können die Verantwortlichen nur darauf hoffen, dass der erhöhte Stadionkomfort und die bessere Erreichbarkeit für Menschen aus der Ortenau, dem Markgräflerland oder der Schweiz viele hundert – besser viele tausend – Fans zusätzlich ins Stadion treiben.

Über eines machen sich aber auch die Freiburger Verantwortlichen keine Illusionen. Je näher der Umzugstermin rückt, desto wehmütiger werden sich die Menschen im Schwarzwaldstadion umschauen. Und das letzte Heimspiel dort, das nach Lage der Dinge im Frühsommer 2020 stattfindet, wird sicher eine emotionale Angelegenheit. Für die Fans, aber auch für die Angestellten. „Wehmut gibt es trotz aller Vorfreude, auch bei uns", sagt Leki. „Die darf es auch geben, denn das jetzige Stadion ist ja ein besonderer Ort für alle, die mit dem Herzen beim SC sind."

... aber das Essen war gut

In Freiburg gibt es bislang keine Logen. Um den Sponsoren dennoch etwas bieten zu können, kam man deshalb beim Sport-Club schon früh auf die Idee, mit anderen Pfunden zu wuchern als mit möglichst luxuriös ausgestatteten Einzelzellen für Gutbetuchte. Das beste Essen der Liga dürfte es in Freiburg geben – wo veritable Sterneköche am Werke sind und die Bratwurst vom lokalen Metzger kommt.

Die Geschichte vom „Volkssport Fußball" erzählen Fußballfunktionäre landauf, landab gerne. Der Banker steht in diesen Geschichten dann oft neben dem Hartz-IV-Empfänger, die Unternehmenssprecherin des Dax-Konzerns neben der Friseurin. Und alle haben sich 90 Minuten lang unfassbar lieb. Weil – wir ahnen es – der Fußball völkerverbindender ist, als es der Weltfrieden je sein könnte. Es gibt Funktionäre, die erzählen leicht abgewandelte Formen dieser Version mit so viel Inbrunst, dass man manchmal fast schon glaubt, sie meinen das ernst.

Wenn man sich die Szenerie bei einem x-beliebigen Fußballspiel in Deutschlands Topligen anschaut, ist die Realität allerdings eine andere. Lange bevor sie ihr Auto endlich abstellen können, werden Normalo-Zuschauer, Sponsoren und VIPs feinsäuberlich voneinander getrennt. Denn die mit den perfekten Laufwegen zum Stadion schauen das Spiel in voll klimatisierten Skyboxen, Hostessen bringen immer wieder neue Snacks und

Flaschen in die Edelséparées, die oft viele tausend Euro kosten. Pro Spiel, wohlgemerkt.

Auch der SC Freiburg ist vom Sozialismus weit entfernt, ein Sitzplatz auf der nicht eben hypermodernen Haupttribüne kostet bis zu 72 Euro. VIP-Bereiche und Logen gibt es im Schwarzwaldstadion, in dem der SC seit 1954 seine Heimspiele austrägt, aber nicht. Alle sitzen und stehen unter den gleichen Tribünendächern – ein sympathischer Anachronismus im Bundesligabusiness.

Um den Sponsoren, die zum Teil mehrere hunderttausend Euro zum Etat beitragen, dennoch etwas bieten zu können, kam man deshalb beim Sport-Club schon früh auf die Idee, mit anderen Pfunden zu wuchern als mit möglichst luxuriös ausgestatteten Einzelzellen für Gutbetuchte. Beim SC wirkt nicht jede Facette dessen, was heute zur Außendarstellung eines Profivereins gehört, durchgeplant oder gar avantgardistisch. Doch das beste Essen der Liga dürfte es in Freiburg geben – für die Kunden in den Businessbereichen sowieso, aber auch für die Normalsterblichen, sofern sie finden, dass zum Stadionbesuch eine Bratwurst gehört. Zur Wahrheit gehört nämlich auch, dass die Breite des Angebots zu wünschen übrig lässt. Während in anderen Stadien auch vegetarische, vegane oder asiatische Gerichte angeboten werden, geht es in Freiburg in den meisten Stadionbereichen klassisch zu – und fleischlastig. Das allerdings in hervorragender Qualität.

Das ist angesichts der Konkurrenz allerdings auch nicht allzu schwer. Die meisten Stadien sind an Großcaterer verpachtet, deren Maxime es ist, in möglichst kurzer Zeit möglichst viel Geld aus den Kunden herauszupressen. Gang und gäbe sind Monstrositäten wie eine vorgeschnittene gelb-graue Wurst in klebriger Curry-Pampe, die aus Fünf-Liter-Schläuchen in Tanks gekippt und dort aufgewärmt wird. Dazu ein Aufbackbrötchen oder – vor allem im Norden der Republik – eine diagonal durchgeschnittene Scheibe ungetoastetes Toastbrot. Fertig ist das

„Arena-Menü" zu Preisen, bei denen man auch in ein echtes Restaurant gehen könnte.

In Freiburg gibt es natürlich ebenfalls Bratwurst im Stadion, aber die kommt von unterschiedlichen Anbietern, allesamt lokale Metzger, die handwerklich arbeiten. Neben der im Südbadischen gängigen langen Roten, die in der Mitte geknickt wird, ehe sie ins Brötchen kommt, gibt es auch Merguez oder eine sehr leckere Kräuter-Kalbsbratwurst. Die Wurst im Stehplatzbereich lässt der stadtbekannte Wirt Carmelo „Chico" Policicchio aus seinem Heimatstädtchen Hausach in der Ortenau kommen, während für die Haupttribüne unter anderem die Obere Metzgerei Winterhalter aus Elzach im Schwarzwald zuständig ist.

Die Obere Metzgerei ist zu renommiert, als dass sie ohne den SC nicht existieren könnte. Doch auch Firmenchef Peter Winterhalter spürt den Werbeeffekt, den der Bundesliga-Alltag bewirkt: „Uns erreichen hier Zuschriften und Lobesmails aus Hessen oder Niedersachsen – von Leuten, die beim Auswärtsspiel in Freiburg unsere Wurst gegessen haben und wissen wollen, wo sie die sonst noch bekommen."

Burrata? Yuzu? Dreimal, bitte

Im Loungebereich, dort, wo die betuchteren Haupttribünenbesucher sitzen, bieten regelmäßig wechselnde Winzer ihre Weine an. Im Studio 2, dem exklusivsten Bereich des VIP-Turmes, wechseln sich zudem drei hochdekorierte Gastronomiebetriebe ab: das Eckert in Grenzach-Wyhlen unweit der Schweiz, Merkles Restaurant in Endingen und Köpfers Steinbuck in Bischoffingen, ebenfalls am Kaiserstuhl gelegen und mit einer fantastischen Aussicht über die sanft terrassierte Landschaft.

Es sind allesamt tolle Restaurants mit einer spektakulär guten Küche, die dennoch ganz bewusst weit weniger elitär sind, als die Menükarte vermuten ließe. Nicolai Wiedmer, der junge Koch in Grenzach, ist ein gutgelaunter Mittzwanziger, dem es erkennbar Spaß macht, wenn bei ihm im Restaurant junge Leute, die mit der Speisekarte fremdeln („Was ist Burrata? Und was ist Yuzu?"), einfach drauflos bestellen und danach versichern, so gut hätten sie noch nie gegessen.

Stephan Köpfer aus Bischoffingen ist hingegen genau so oft an der Schwarzwaldstraße 117 anzutreffen wie Nils Petersen, Nicolas Höfler und Co. Denn Köpfer zeichnet seit dem Winter 2017 auch für die Ernährung der Profis verantwortlich. Zuvor hatte das ein Caterer übernommen, dem die Profis nicht nachtrauern – im Gegenteil. „Es ist unglaublich, wie abwechslungsreich und lecker das Essen von Stephan ist", sagt zum Beispiel Profi Mike Frantz. „Stephan kocht jetzt seit neun Monaten jeden Mittag für uns, und es gab noch nicht einmal das gleiche Gericht." Und das sei auch gut so, meint Frantz: „Wenn du viel trainierst, musst du viel essen. Vielen Köchen fällt aber nur die Bolognese als Begleitung zu Reis, Kartoffeln, Nudeln ein. Dann isst du weniger, weil dir das irgendwann zum Hals raushängt, und schon fehlt dir die Kraft." Immer wieder bekommt Köpfer, der selbst früher für den Oberligisten Bahlinger SC im Mittelfeld kickte, auch abends Besuch von einzelnen Profis. Viele wollen ihm in Bischoffingen beim Kochen über die Schulter schauen, lernen, wie er die Gerichte zubereitet, die ihnen so gut schmecken. Besonders Nationalspieler Nils Petersen tue sich da hervor, berichtet Köpfer sichtlich beeindruckt: „Ich habe noch selten einen Menschen erlebt, der sich so für andere und deren Arbeit interessiert."

Essen ist für viele Spieler im Mannschaftskreis also mehr als Nahrungsaufnahme, für das Trainerteam gilt das sowieso. Und das nicht nur privat. Als Christian Streich im Januar 2019 von *Sportstudio*-Moderatorin Katrin Müller-Hohenstein gefragt wurde, ob die Spieler denn beim Essen ihre Mobiltelefone benutzen dürften, war er regelrecht schockiert: „Natürlich nicht." Streich ist ganz entschieden der Meinung, dass man das, was man gerade tut, am besten bei vollem Bewusstsein tut. Er freut sich über die Zuschauer, die ein Fußballspiel konzentriert über 90 Minuten anschauen und ihm so die Aufmerksamkeit schenken, die es verdient. Beim Essen ist das ähnlich. Essen ist eine Oase der Geselligkeit und der direkten Kommunikation mit den Menschen, die mit einem am Tisch sitzen. Beides erfordert eine Aufmerksamkeit, bei der Instagram und Co. nur ablenken würden. Und bei den Gerichten, die nach dem Vormittagstraining aufgefahren werden, wäre es jammerschade, wenn das nicht mit allen Sinnen registriert würde.

„Immer wieder etwas Neues zuzubereiten, ist gar nicht schwer, wenn man saisonal kocht", findet Stephan Köpfer und zählt ein paar Minuten lang auf, was es in den vergangenen Wochen so gab: Dorade, Wolfsbarsch, Perlhuhn, im Winter viel Wild aus heimischen Wäldern. Und wie im Steinbuck spielt auch für die Profis Gemüse eine herausragende Rolle. Am Kaiserstuhl, Deutschlands sonnenreichster Region, wächst es in hoher Qualität. Glaubt man Köpfer, müssen sich die Tomaten aus der Region nicht hinter denen aus Spanien oder Italien verstecken.

Wider die protestantische Askese
Glaubt man dem Vereinspräsidenten, dann sind Spanien und Italien sowieso nicht so weit von Baden entfernt. Und das nicht nur, was die Qualität der Tomaten angeht. Für den Winzer und Gastronomen ist Deutschland nach wie vor zweigeteilt. Nicht in Ost und West, sondern in die katholisch geprägten Gefilde im Südwesten einerseits – und in die landschaftlich, klimatisch wie kulinarisch kärgeren Gebiete im Norden der Republik. Dass sich in die nach der WM 2018 aufkommende Kritik an Bundestrainer Jogi Löw immer wieder auch die Tatsache mischte, dass er gerne Espresso trinkt – was offenbar auf unseriösen Hedonismus verweisen soll – bringt Keller auf die Palme. „Dass jetzt Espresso auch noch das Symbol für eine Larifari-Attitüde sein soll, auf so etwas kann nur ein Protestant gekommen sein." Die Namen der Reformatoren Zwingli und Calvin fallen nun, Prediger der Selbstkasteiung und des Verzichts, bei denen es dem Katholiken

Keller gruselt. „Vor allem nördlich des Mains wehren sich viele Menschen überraschend hartnäckig dagegen, dass Genuss etwas Wunderbares ist", findet er.

Askese ist tatsächlich nicht der dominierende Lebensstil im Südwesten. Nirgendwo in Deutschland gibt es so eine Dichte an Sternerestaurants wie im Rheingraben von der Südpfalz bis zur Schweizer Grenze. Mit Angeberei und Verschwendungssucht, vulgo: Schickimicki hat das allerdings wenig zu tun. Vergoldete Ribéry-Steaks, ein Unding, das Sarah Wiener völlig zu Recht als „dekadente Schwachsinnsküche" bezeichnet hat, gibt es hier nicht. Und sonderlich elitär geht es auch nicht zu. Rund um Freiburg setzt sich nach Feierabend vielerorts auch der Nachbar aus dem Dorf noch an die Bar. Es ist im Sternerestaurant nicht anders als in der Wirtschaft auf dem Lande, wo der Wein in Viertele ausgeschenkt und das „Badische Trio" aus Wurstsalat, Bratkartoffeln („Brägele") und Quark („Bibblesekäs") in großen Bergen aufgetragen wird: Man isst hier gerne, man redet gerne übers Essen, beidem haftet nichts Elitäres an. Aber schmecken sollte es halt schon. Am Kaiserstuhl mit seinen wenigen tausend Einwohnern soll es jedenfalls mehr handwerkliche Bäckereien geben als in der Brötchenhölle Berlin. Und weil das so ist, lädt der SC in aller Regel vor den Heimspielen die Offiziellen des jeweiligen Gegners zum Essen ein, in irgendeines der vielen ausgezeichneten Restaurants der Region – Karl-Heinz Rummenigge und Uli Hoeneß vom FC Bayern sollen den Brauch besonders schätzen. So mancher Konflikt soll so bereits bereinigt worden sein – entweder im Vorfeld oder im Nachgang, ziemlich sicher aber noch vor dem Hauptgang. Denn wenn der serviert wird, haben die Banalitäten dieser Welt mal kurz Sendepause.

Womit die Schilderungen aus dem Paradies auch schon beendet wären, und der Fußball wieder jäh ins Idyll hineinplatzt. Denn natürlich trifft sich auch am Kaiserstuhl die Jugend am Samstagabend nicht mehr in der Dorfwirtschaft, das hat schon die Generation ihrer Eltern nicht mehr getan. Wenn Samstagnacht die letzten Bahnen und Busse am Freiburger Hauptbahnhof losfahren, haben die Teenager tausende Euro in den Burgerläden und Fastfoodketten gelassen, die auch in Freiburg in die Flächen drängen, wo kurz zuvor noch ein Buchladen oder Kleidergeschäft war. Genormtes Essen, das in New York so schmeckt wie in Tokio oder Bahlingen, ist hip. Und offenbar gerade deswegen so toll. Doch diese alles gleich machende Fastfoodmentalität, findet Fritz Keller, die bedroht auch den Fußball: „Gewachsene Bindungen an die örtlichen Vereine erodieren. Viele Jugendliche himmeln nur noch die globalen Megastars an, die Ronaldos und Messis. Und wenn die den Verein wechseln, wechseln sie mit."

Kulinarische Kompetenz auf der Trainerbank

Was „wechseln" bedeutet, wissen sie im Freiburger Trainerteam natürlich schon, auch wenn sie selbst eher Stammspieler sind, die zehn Jahre am Stück 34-mal durchspielen. Streich, Patrick Baier, Lars Voßler und Sportdirektor Klemens Hartenbach wohnen und arbeiten seit Jahrzehnten in Freiburg – nur Torwarttrainer Andreas Kronenberg und der gebürtige Oldenburger Florian Bruns, der allerdings auch als Spieler schon beim SC war, haben einen anderen Heimatdialekt als den badischen. Dass die gut zehnköpfige Gruppe aus Trainern, Betreuern und Physiotherapeuten am Ende einer Saison, in der sie sich an sechs von sieben Tagen von morgens bis abends gesehen haben, noch Lust hat, gemeinsam essen zu gehen, ist erstaunlich. Im Trainingslager in Schruns sitzen auch die Assistenten von Streich abends gerne mal bei einem guten Tropfen beisammen – nach einem 13-Stunden-Tag, den sie mit der Mannschaft und der Trainingsplanung verbracht haben.

Die kulinarische Fachkompetenz in den Reihen des SC Freiburg ist dann auch bemerkenswert – und sie kommt nicht von ungefähr. Neben Keller haben auch Cheftrainer Streich und der kaufmännische Vorstand Oliver Leki einen Metzger zum Vater. Hartenbachs Eltern sind Landwirte. Hartenbach selbst, der im

Alltag rund um die Welt fliegt, um mögliche Neuzugänge zu sichten, entspannt sich am liebsten im eigenen kleinen Weinberg, wo er vor allem Müller-Thurgau anbaut. Sehr zur Freude des Präsidenten, der allerdings noch ein paar fachliche Tipps für den Hobbywinzer parat hätte. Hartenbachs ehemaliger WG-Kollege aus gemeinsamen Freiburger Studententagen hat derweil vor kurzem sein 25-jähriges Jubiläum in Diensten des SC Freiburg gefeiert. Eine Prämie oder gar eine Gehaltserhöhung gab es nicht für Christian Streich. Zum Jubiläum überreichte der Präsident eine Kiste mit den besten Spätburgundern Badens.

Zum Abschied nicht mal ein leises Servus

Heiko Butscher war über Jahre eine Identifikationsfigur beim SC Freiburg. Dann wurde er einigermaßen stillos vor die Tür gesetzt. Wer den einstigen Kapitän heute trifft, wird überrascht: Der Co-Trainer des VfL Bochum schwärmt in den höchsten Tönen vom Sport-Club.

Es hat in der Zeit seit dem 2. Januar 2012 genau eine Trainingseinheit unter Christian Streich gegeben, die bei mehr als 100 Menschen Aufmerksamkeit erregt hat. Denn ob SC-Einheiten offiziell als Geheimtraining deklariert werden oder nicht, bedeutet faktisch keinen großen Unterschied: Viel mehr Menschen schauen auch im zweiten Fall nicht zu. Die erste Trainingseinheit, die Streich überhaupt als Cheftrainer leitete, war dann auch die mit dem außergewöhnlich hohen Zuschauerzuspruch. Am 2. Januar 2012 säumten hunderte Fans die Umzäunung des Trainingsplatzes, zahlreiche Zeitungen und Portale berichteten ausführlich.

Während der damals überregional noch gänzlich unbekannte Streich einer völlig verunsicherten Mannschaft wieder Leben einzuhauchen versuchte, trug ein Mann einen Wäschekorb mit den Inhalten seines Spindes von der Mannschaftskabine zu seinem Wagen. Und dem sah man an, wie ihm dabei zumute war, gerade zum letzten Mal in der Freiburger Mannschaftskabine gewesen zu sein.

Heiko Butscher war einige Tage zuvor aussortiert worden, zusammen mit vier anderen Spielern (Manuel Salz, Kishō Yano,

Maximilian Nicu, Felix Bastians). Angeblich, weil man ihnen nicht mehr zutraute, dem Team beim Kampf gegen den Abstieg zu helfen. Yacine Abdessadki, der sich beim Auswärtsspiel in Köln eine disziplinarische Verfehlung geleistet haben soll, wurde gar suspendiert. Beschlossen worden waren die Maßnahmen unter der Ägide von Sportdirektor Dirk Dufner, der 15 Monate später nicht mehr Freiburger Sportdirektor war. Und von einem gewissen Marcus Sorg, der bereits kurz vor Silvester entlassen worden war, die Entscheidung aber zusammen mit Dufner verkündet hatte. Etwas mehr als sieben Jahre beträgt die durchschnittliche Verweildauer Freiburger Trainer, seit Volker Finke am 1. Juli 1991 übernahm. Finke blieb 16 Jahre, Robin Dutt vier, Streich ist seit Januar 2012 im Amt. Der Halbjahres-Trainer Sorg hat die Statistik durcheinandergebracht. Und fiel kurz darauf weich in den Schoß des DFB-Trainerstabes von Joachim Löw.

Sich mitten in der Saison von fünf Spielern zu trennen, die noch einen gültigen Vertrag haben und sich außerhalb des Sportlichen keine Verfehlung zuschulden kommen ließen, ist eine ausgesprochen ungewöhnliche Maßnahme bei einem derart harmoniebedürftigen Verein wie dem SC Freiburg. Zudem der sie mit einem Vokabular begründete, das man sonst aus dem Satzbaukasten von Zeitarbeitsfirmen und Yuppies kennt. „Nur die Leistung zählt", hieß es. Und Manager Dufner, der sich später allerdings auch noch empathischer äußern sollte, ließ sich mit den Worten zitieren, man wolle „ eine Mannschaft, die in der Rückrunde Vollgas gibt, und dieses Ziel verfolgen wir mit aller Konsequenz."

Geld sammeln für die Putzfrau

Doch das alles war nicht der Grund, warum in der Fankurve noch Wochen nach der Aktion Solidaritätsplakate gehisst wurden. Vielmehr war einer der Spieler, die so sang- und klanglos vom Hof geschickt wurden, einer, von dem wohl jeder SC-Fan sagen würde, dass er nachhaltig im Gedächtnis bleibt: Heiko Butscher, seit 2007 im Verein und erst im Sommer zuvor als Kapitän wiedergewählt worden. Er war über Jahre in der Mannschaft ebenso beliebt gewesen wie bei den Fans, die genau merken, ob sich ein Spieler wirklich mit dem Verein identifiziert oder ob er das nur behauptet, weil ihm das sein Berater gesagt hat. Butscher hatte sich zudem als Spieler mit außergewöhnlicher sozialer Kompetenz präsentiert. Er baute Jüngere auf, wenn sie ein Gegentor verursacht hatten, puschte selbst von der Bank aus seine Mitspieler und hielt bei der Weihnachtsfeier die Art Ansprachen, von denen Trainer noch Jahre später mit Rührung in der Stimme berichten. Dass die Freiburger Spieler damals vor Weihnachten auch Geld für die Putzfrau sammelten, die die Mannschaftskabine in Ordnung hielt, ging selbstverständlich auch auf Kapitän Butscher zurück.

Genau dafür war er seit 2007 auch von Kollegen, Trainern und dem Manager immer wieder gelobt worden. „Heiko war sicher ein wichtiges Gesicht dieses Vereins, und dass das keine ideale Trennung war, steht außer Frage", sagte Dufner. „Das hätten wir uns anders gewünscht." Eine merkwürdige Formulierung, denn wie so ein Abschied vonstatten geht, hat ja weniger mit Wünschen zu tun als damit, wie man ihn selbst gestaltet. Dufner und Sorg hätten sich also von sich selbst ein anderes Verhalten gewünscht, wenn man das richtig deutet. Oder meinte er, dass er sich gewünscht hätte, nicht so handeln zu müssen, wie er es aufgrund von Butschers Verhalten tun musste? Noch heute hört man in Freiburg hin und wieder ein Geraune, wonach Butscher in seinen letzten Monaten in Freiburg eine andere Agenda verfolgt habe als zuvor, er habe sich nicht mehr so mannschaftsdienlich verhalten wie in früheren Jahren. Konkreter wird es nie. Eine echte Verfehlung, etwas, das den faktischen Rauswurf gerechtfertigt hätte, scheint es allerdings nicht gegeben zu haben.

Mehr als sieben Jahre nach seinem Rauswurf verwendet Heiko Butscher dann allerdings fast die gleiche Formulierung wie damals Dufner, als er im Bochumer Café Tucholsky auf seine

Zeit in Freiburg zurückblickt. Butscher ist nun Co-Trainer beim VfL Bochum, damit ist er die rechte Hand seines ehemaligen Freiburger Trainers Robin Dutt, des aktuellen Chefcoachs beim Zweitligisten. „Man hätte sich das schon anders vorgestellt", sagt er. Und während der Interviewer damit rechnet, dass der 39-Jährige nun anfängt zu erzählen, wie er sich damals gefühlt habe, redet der munter und bestens gelaunt weiter, bleibt aber beim „man": „Aber wenn man ein bisschen Abstand hat, muss man schon sagen: Die Zeit in Freiburg war sensationell. Es ist ja nicht selbstverständlich, dass man von einem Verein Werte vermittelt bekommt, die man dann mitnimmt." Die Freiburger Zeit, sie wirke auch deshalb noch in Bochum nach. „Man kann sich nicht vorstellen, wie oft wir über Freiburg sprechen, wenn Robin und ich im Büro sitzen."

Wertetransfer nach Bochum

Als er als Mittzwanziger nach Freiburg kam, habe er schon geahnt, dass vieles an der Art und Weise, wie beim Sport-Club gearbeitet wird, vorbildlich ist. Heute wisse er, warum, und wolle es für seinen heutigen Arbeitgeber übernehmen. „Was damals schon gefühlt gut war, wünschen wir uns jetzt beim VfL Bochum: Kontinuität bei den handelnden Personen, wie gearbeitet wird. Eine Philosophie, von der man nicht abrückt, wenn es mal ein paar Spiele nicht läuft. Die Durchlässigkeit aus der Jugend in den Profibereich. Das alles muss auch unser Weg sein."

Keine leeren Worte: Als Christian Hochstätter im Frühjahr 2018 nicht mehr als Sportdirektor zu halten war, folgte ihm mit Sebastian Schindzielorz ein ehemaliger Spieler nach, der zuvor dessen rechte Hand gewesen war. Ganz ähnlich wie beim SC Freiburg, als Jochen Saier Andreas Bornemann nachfolgte. Und wie damals beim SC haben sie längst auch in Bochum ein wöchentliches Forum geschaffen, in dem sich alle Trainer des Vereins, vom Chef- bis zum Jugendtrainer, austauschen. Ergebnisorientiert und hierarchiefrei, wie Butscher betont. „Es geht um das

Potenzial im eigenen Verein, das kannst du fordern und fördern", meint Butscher, dem das Showgehabe der Branche nicht erst seit gestern gegen den Strich geht. „In Freiburg ging es vor allem ums Wesentliche, den Fußball. Dort findest du lauter Fußballverrückte. Es war unfassbar, wie besessen die immer gearbeitet haben." Zu hermetisch – und jetzt ist nicht klar, ob er immer noch über die Freiburger Zeit spricht – dürfe so ein Trainerbüro aber nicht sein, meint Butscher aus heutiger Perspektive. „Du brauchst auch mal Zeit für die Familie. Wenn du nur im Trainerbüro sitzt, verbohrst du dich schnell ein bisschen."

Fleiß, Akribie, ein gewisser Wahnsinn im Detail – das ist es, was Butscher gerne aus Freiburg in Bochum implementieren würde. „Du musst eine Liebe zum Fußball entwickeln, dann machst du vieles noch besser und detailverliebter. Darum geht es, du musst die Detailarbeit machen."

Wer Butscher so schwärmen hört, kann sich kaum vorstellen, dass er, bis er 26 Jahre alt war, eigentlich keine genauere Vorstellung von diesem SC Freiburg hatte. Schon gar nicht, wenn man weiß, dass Butscher aus Bad Wurzach stammt, also im gleichen Bundesland aufgewachsen ist, in dem auch Freiburg liegt. Bad Wurzach ist zwar gut 200 Kilometer weit von Freiburg entfernt. Doch dort, im württembergischen Teil des Allgäus, hält man, wenn man überhaupt einen Verein aus dem Ländle auserwählt, zum VfB Stuttgart. „In meiner Ecke warst du entweder Bayern- oder Stuttgart-Fan", sagt Butscher. „Und in meiner Schule waren 95 Prozent Bayern-Fans, das allein war schon ein Grund für mich, VfB-Fan zu werden. Ich wusste über Freiburg nur, wo es liegt und dass es eine schöne Stadt sein soll."

Doch dann kam der Anruf von Robin Dutt, der zu diesem Zeitpunkt gerade erst erfahren hatte, dass er der Nachfolger des Epochentrainers Volker Finke werden würde, und nun mit Hochdruck nach Neuzugängen fahndete. Plötzlich war Butscher, der bis dahin als Verteidiger beim VfL Bochum mal zum Stamm gehörte, mal wieder draußen war, also in Freiburg. Und es sollte sich schnell herausstellen, dass es ein Segen war, dass er vorher nicht viel über Stadt und Verein gewusst hatte.

„Wir sind Finke" – Butscher ist SC

„Eigentlich bin ich froh, dass ich nicht viel davon mitbekommen habe", sagt Butscher heute. So habe er sich voll und ganz aufs Sportliche konzentrieren können. Und da lief es gut. Eigentlich von Anfang an. „Das hat alles funktioniert. Im Trainerteam funktionierte es, auch mit Damir Burić und Marco Langner. Man hatte immer das Gefühl, dass das eine Einheit ist. Und bei Robin war es so, dass er hinter mir stand. Und ich hinter ihm." Das habe auch an Achim Stocker gelegen, dem legendären SC-Präsidenten, der 2009 verstarb. Butscher hat ihn als einen Funktionär in Erinnerung, wie er geerdeter nicht sein könne. „Der hat einfach eine wahnsinnige Ruhe ausgestrahlt." Immer habe er Trainer und Mannschaft den Rücken freigehalten, immer daran erinnert, dass man sich von keinem Internetgepöbel und keiner Schlagzeile aus dem Konzept bringen lassen solle. „Der wohnte ja damals quasi gegenüber vom Stadion und kam immer mal wieder bei seinen Spaziergängen mit Zigarre und Hund Thommy beim Training vorbei, um zuzuschauen."

Einmal, als Butscher nach einer Trainingseinheit noch zur Geschäftsstelle im zweiten Stock musste, traf Stocker ihn vor dem Aufzug und wies den Spieler höflich, aber bestimmt zurecht. „Aber du fährsch jetzt net mit dem Fahrstuhl, oder?", habe er ihn gefragt. Er, Stocker, habe nämlich errechnet, dass jede Fahrt – inklusive Wartung – gut zwei Euro koste. Und das Geld könne man weiß Gott sinnvoller ausgeben. Butscher hat das eingesehen, auch wenn er sich beim Erzählen am liebsten ausschütten würde vor Lachen. „Seither laufe ich jedenfalls nur noch Treppen, ich fahre keinen Fahrstuhl mehr."

In der ersten Saison n.F. (nach Finke), für die einige von dessen Jüngern einen Durchmarsch in die Drittklassigkeit prognostiziert hatten, wurde der Sport-Club Fünfter, nachdem im letzten Finke-Jahr Platz vier erreicht worden war. In der Saison 2008/09, der zweiten unter Dutt, gelang der Aufstieg als souveräner Tabellenführer. Satte zwölf Punkte trennten den SC am Ende von einem Nichtaufstiegsplatz. „Sensationelle Aufstiegsfeier, sensationelle Zeit in der ersten Liga", resümiert Butscher, dem die darauffolgende Saison besonders eindringlich in Erinnerung geblieben ist. „Wir hatten elf Spiele keinen Sieg und führen dann bei den Bayern bis zur 76. Minute 1:0 durch ein Tor von Cédric Makiadi." Das Spiel, so Butscher, sei der Wendepunkt in dieser Spielzeit gewesen. Und das, obwohl die Bayern in der Schlussviertelstunde noch zwei Treffer zustande brachten und gewannen. „Danach lief es bei uns jedenfalls." Mit 35 Punkten hielt Freiburg am Schluss die Klasse.

Butscher, der jetzt in Erinnerungen schwelgt, hat sich in den viereinhalb Jahren in Freiburg auch privat immer wohl gefühlt. Als er seiner Frau erstmals die Straße im Altbauviertel Wiehre zeigte, in der er sich eine Wohnung ausgeguckt hatte, war die spontan begeistert, und zwar noch bevor sie die Wohnung überhaupt gesehen hatte. „Wir könnten uns auch heute noch gut vorstellen, mal wieder dort zu leben", sagt Butscher. Butschers Gattin Maren hat Freiburg sowieso in guter Erinnerung behalten. 2012 ist die Staatsanwältin noch ein halbes Jahr in der Stadt geblieben, als ihr Mann nach seiner Freistellung beim SC bereits in Frankfurt angeheuert hatte. Privat haben sie seit 2012 öfter mal Urlaub in der Region gemacht. Die beiden Söhne haben dabei mitbekommen, dass der Vater hier von weit mehr Menschen freundlich gegrüßt wird als andernorts. Und wer weiß, was es mit der alten Sage auf sich hat, wonach jeder, der in die „Bächle" genannten Rinnsale in der Freiburger Innenstadt tappt, eine Freiburgerin bzw. einen Freiburger heiratet? Sohn Mats hat es jedenfalls als kleines Kind tatsächlich einmal geschafft, nicht nur hineinzutappen, sondern gleich ganz reinzufallen.

Der Elefant im Raum

Nachdem er das alles im freundlichen Plauderton der vergangenen Minuten erzählt hat, wird Butscher doch noch mal nachdenklich. Der damalige Abschied, den er zu Anfang des Gesprächs so lapidar kommentiert hatte, steht nun plötzlich wieder wie ein Elefant im Raum. „Das waren wirklich viereinhalb sensationelle Jahre. Ich muss jetzt echt aufpassen, dass ich nicht dauernd schwärme." Zumal ihm Maren in all den Ehejahren schon oft gesagt hat, dass er viel zu gutmütig sei und es immer allen Recht machen wolle.

„Klar, meine Frau war schwanger", sagt er dann fast widerwillig. „Da ist es dann natürlich auch nicht so toll, schnell wegzugehen." Er könne es aber verstehen, wenn ein Verein, der neue Reize setzen wolle, zu solch einer Maßnahme greift – spätestens jetzt, da er als Co-Trainer die Spielerperspektive doch weitgehend abgelegt habe. „Mir wurde halt gesagt, dass es sportliche Gründe hat. Ob das jetzt ein Vorwand war, spielt im Nachhinein keine Rolle mehr."

Immerhin: Dirk Dufner rief ihn im darauffolgenden Frühling an und entschuldigte sich für die Art und Weise, wie die Trennung gelaufen war. Christian Streich, der neue Trainer, rief auch kurz an. Aber nur, um zu sagen, dass die Entscheidung auch unter seiner Ägide Bestand haben würde. Ein Wort des Bedauerns? „Es ist schon so lange her", sagt Butscher. „Aber erinnern kann ich mich daran nicht."

Und nun ist es auch genug mit dem leidigen Thema. Butscher bestellt noch einen Cappuccino. „Schlussendlich sind sie ja trotzdem dringeblieben, und für mich war`s auch okay", sagt er. Die Zeit in Frankfurt habe noch mal Spaß gemacht, und in Bochum habe er nahtlos den Übergang vom Spieler- in den Trainerberuf geschafft. „Jetzt bin ich auf der anderen Seite und muss auch manchmal schwere Entscheidungen treffen. Aber man sollte es dann menschlich sicher anders rüberbringen als damals bei mir."

Dreck unterm Fingernagel

Sven Metzger hat den Podcast *FüchsleTalk* ins Leben gerufen. Lange Zeit war für ihn ein Freiburger Heimspiel ein nahezu perfektes Fußballerlebnis. Mittlerweile ist das Verhältnis erkaltet. Und das hat nicht nur damit zu tun, wie Metzger die Social-Media-Aktivitäten des Vereins bewertet.

Nein, „enttäuscht" sei ein zu starkes Wort, meint Sven Metzger, als ihm eine Formulierung für sein Verhältnis zum Sport-Club Freiburg von 1904 vorgeschlagen wird. Aber abgekühlt ist da schon etwas im Lauf der Jahre. Und das liegt nicht nur daran, dass er mittlerweile doch sehr viele Dinge aufzählen kann, die ihn an der Außendarstellung des SC nerven. Aber es liegt eben auch daran.

Social Media und SC Freiburg, das sind zwei Welten, die ihm wichtig sind, die aber in getrennten Universen zu leben scheinen. „Der ganze Bereich wird vom Verein nur zum Senden benutzt, eine reine PR- und Werbeveranstaltung, Interaktion findet nicht statt. So funktionieren diese Kanäle aber dauerhaft nicht zufriedenstellend", sagt er beim Treffen im Juli 2019 und nennt Beispiele. Damals das Auswärtsspiel in Bremen, im Februar 2013. Metzger wollte hin und hatte über eine Bekannte beim NDR erfahren, dass der dortige Hauptbahnhof aufgrund irgendwelcher technischer Probleme eventuell nicht angefahren werden könne. Metzger informierte ein paar Institutionen in der SC-Fanszene, die sich sofort zurückmeldeten. Vom SC hätte er erwartet, dass er reagiert, dass er die Fans über seine Kanäle warnt, dass sie früher losfahren müssen. Doch es passierte: nichts. „Ich warte noch heute auf eine Antwort vom SC", sagt Metzger sarkastisch.

Statt zu interagieren, begreife der Verein Social Media ausschließlich als günstige Werbeplattform, auf der die neuen Trikots zu Markte getragen werden, „#Vorfreude". „Hashtag Vorfreude, das ist nichts Echtes, nichts Gelebtes", sagt Metzger, der findet, dass man Social Media entweder ernst nehmen oder es eben ignorieren solle. „Auch davor hätte ich Respekt. Aber Kommunikation verweigern und die Leute mit Werbebotschaften vollzuballern, ist halt weder das eine noch das andere." Metzger hat den SC mittlerweile stumm geschaltet auf Twitter. „Das ist manchmal schon intellektuell unterfordernd, was da passiert."

Der Mittvierziger, das muss man dazusagen, hat hohe Ansprüche, wenn es um Online-Aktivitäten geht. Der Mann IST online. Wer mit ihm in Mannheim ein Fußballspiel schaut, während die Gattin mit den Kindern im Schwimmbad ist, kann beobachten, wie er auf seiner Smartwatch nachschaut, wann genau das Gewitter im Pfälzischen über dem Carl-Benz-Stadion angekommen sein wird, während er parallel ein Foto twittert und eine WhatsApp-Nachricht beantwortet. Twitter scheint sowieso für ihn erfunden worden zu sein. Wobei man den Kurznachrichtendienst definitiv weniger verfluchen würde, wenn ihn alle User auf dem Niveau nutzen würden wie er. Umso deutlicher fällt sein Fazit aus: „Der SC ist eine verschlossene Auster." Tatsächlich ist der Sport-Club in dieser Hinsicht auch sehr südbadisch, sein Harmoniebedürfnis ist extrem ausgeprägt. In Freiburg und im Umland wird an jedes Substantiv ein -le gehängt. Der Zwang zur Verniedlichung ist beim „Kärtle" (Eintrittskarte/Stadtplan) bis zum „Brägele" (Bratkartoffeln) genauso zu spüren wie bei vereinspolitischen und stadtpolitischen Fragen, die selten offen ausgetragen werden. Stellt sich nur die Frage, welche Probleme eine Stadt hat, die sich so oft selbst vergewissern muss, was für ein Idyll sie ist. Metzger ist da anders sozialisiert, er ist in Ludwigshafen aufgewachsen und hat nicht nur auf Twitter große Freude daran, über das zu diskutieren, was ihn bewegt.

Und natürlich ist er auch nicht irgendein SC-Sympathisant. Er hat ein ziemlich akkurates Gedächtnis, wenn es um die Freiburger Spiele der letzten beiden Jahrzehnte geht. Den Karriereweg des, global gesehen, eher unbedeutenden Dennis Kruppke kann er genauso auswendig referieren wie die letzten sieben Ergebnisse des SC auswärts in Stuttgart. Metzger ist der Mann hinter dem *FüchsleTalk,* dem ersten und lange einzigen Podcast rund um den SC Freiburg, bis der *Spodcast* das Licht der Welt erblickte. Dort werden in regelmäßigen Abständen alle relevanten Themen rund um den Sport-Club debattiert. Recht schnell hatte sich das Team gefunden, das über Jahre die Sendungen bestritt. Man kannte sich schon vorher über Twitter, zwei Mitstreiter im *FüchsleTalk* traf Metzger bei der Auswärtsfahrt nach Estoril 2013.

„Wir versuchen immer, nicht nur über einzelne Spiele zu reden. Du brauchst auch Themen. Unsere Highlights waren sicher der Stadionneubau, da haben wir zur Vorbereitung alle öffentlich zugänglichen Ratsprotokolle gelesen." Ein weiterer journalistischer Höhepunkt im *FüchsleTalk* sei gewesen, dass man in der Dopingaffäre ums Freiburger Klinikum und Professor Armin Klümper immer wieder vom Verein eine offene Aufarbeitung gefordert habe. Hier wäre Metzger nicht traurig gewesen, wenn andere Medien auch öfter mal nachgehakt hätten. „Es ist echt eine Schande, wie der SC damit umgeht, das kann ich nicht anders sagen." Immerhin sei der langjährige Mannschaftsarzt des SC auch ausführender Arzt beim Team Telekom gewesen, die zumindest einmalige Lieferung anaboler Steroide ist dokumentiert. „Großen Aufklärungswillen kann ich da nicht erkennen, man hofft wohl einfach, dass man das Thema aussitzen kann." Dass Achim Stocker einmal gesagt haben soll, er lege die Hand für den Arzt ins Feuer, reicht ihm jedenfalls nicht, um den Mantel des Schweigens über diese elementaren Fragen zu hüllen.

Metzger ist noch heute bei jedem *FüchsleTalk* dabei, die Moderation hat er an Michael Schröder abgegeben. In den letzten beiden Spielzeiten war er außerdem der Freiburger Fanexperte bei *Spiegel Online*. Auch diese Funktion hat er aufgegeben. Zum Teil auch aus beruflichen und familiären Gründen: Familienvater Metzger hat in der vergangenen Spielzeit neben seinem Hauptjob noch mehr als drei Dutzend Eishockeyspiele kommentiert. Da überlegt man es sich dann schon zweimal, ob man den ganzen Samstag opfert, selbst wenn man mit der Vereinspolitik komplett einverstanden ist. Doch das trifft auf ihn ja nicht zu.

Warum so mutlos?, fragt sich Metzger

„Man muss auch immer wieder daran erinnern, dass der gesamte Vermarktungswahnsinn der DFL einstimmig beschlossen wurde", fährt er fort. „Seien es Montagsspiele, der Gang zum Kartellamt, um einen weiteren Anbieter ins Boot zu nehmen. All das und noch so vieles mehr wurde auch vom SC mitgetragen." Überhaupt, findet er, wurden Werte, die das nächste Heimspiel überdauern, in Freiburg früher mehr beherzigt. Und immer wieder werden Gelegenheiten ausgelassen, bei denen man Flagge zeigen könnte. „Wenn man schon 75 Euro für ein Trikot ohne Beflockung verlangt – was ja im Ligadurchschnitt perverserweise gar nicht mal teuer ist –, warum sind es dann keine Fairtrade-Trikots?" Auch wenn es darum geht, gesellschaftspolitisch Stellung zu beziehen, ist ihm der SC zu vage, zu mutlos. „Als es bei Twitter beispielsweise eine Welle der Solidarität mit der ZDF-Journalistin Nicole Diekmann gab, wo tausende Accounts, auch von Bundesligisten, ‚Nazis raus' twitterten, blieb der des SC still."

Auch die Ticketpreise passen für ihn nicht so ganz zu dem Image, das der Sport-Club so gerne vor sich hinträgt. Wenn man für einen schlechten Sitzplatz, ganz außen am Tribünenrand, noch 42 Euro berappen muss, findet er das zu teuer. „Vor allem aber züchtest du dir dann ein Publikum, das bei einem Spiel, in dem es noch um den Klassenerhalt geht, in der 54. Minute auf die Tribüne kommt, weil es sich in der Halbzeit am Wurststand verquatscht hat." Metzger hat das selbst beobachtet, am 34. Spieltag der Saison 2017/18, als sich der Sport-Club erst durch ein 2:0 gegen Augsburg rettete.

An diesem Tag trübte allerdings noch etwas ganz anderes seine Freude über den Klassenerhalt. Wie tausende andere Fans im Stadion fragte er sich nach dem Schlusspfiff, ob er Julian Schuster überhaupt noch mal im SC-Trikot spielen sehen würde. Der langjährige Kapitän war nicht mehr eingewechselt worden, obwohl ihm das langanhaltenden Applaus beschert und auch dem Letzten im Stadion klargemacht hätte, dass er seine Karriere wohl beenden würde. „Ich fand das vollkommen würdelos. Da werden mit Schuster und Karim Guédé eine Vereinslegende und ein Fanliebling mit einem Geschenk verabschiedet, gehen aber noch nicht einmal auf eine komplette Abschiedsrunde, geschweige denn, dass vom Verein irgendein Statement verlesen würde." Metzger schüttelt den Kopf. „Und kaum ist der Punkt abgehakt, gehen die Moderatoren im Stadion direkt zum neuen Trikot über, das es ab jetzt zu kaufen gebe. Die Mail dazu kam übrigens parallel in den Postfächern an."

Metzger weiß, dass er jetzt doch einige Kritikpunkte aufgezählt hat. So muss zwangsläufig der Eindruck entstehen, er habe vollkommen mit dem Verein abgeschlossen. Doch zum einen stimmt das nicht, und zum anderen würde wohl jeder Anhänger eines x-beliebigen Profivereins ebenso viele Kritikpunkte auflisten können, wenn er danach gefragt würde. Wer sich, wie jeder Fan, über Jahre mehrere Stunden in der Woche mit seinem Verein beschäftigt, stößt zwangsläufig immer wieder auf Kratzer im Lack, auf eklatante Widersprüche zwischen Vermarktung und Realität.

Doch es gibt auch Erinnerungen und Erlebnisse, die vollkommen unangetastet bleiben. Metzger denkt da nicht zuletzt an ein „unterm Strich sehr angenehmes Publikum, das den Gegner nicht niedermacht und keine Sitzschalen rausreißt. Meine Art von Fußball-Gucken habe ich da über Jahre komplett wiedergefunden." Metzger hat noch nie verstanden, warum in so vielen Kurven ein Denken vorherrscht, wonach derjenige, „der nicht für uns ist, wider uns ist", und warum man nach dem Spiel nicht zusammen mit netten Fans des Gegners ein Bier trinken sollte. In Freiburg konnte er das immer. Auch wenn ihm die Verhaltenskodizes von einigen jüngeren Fans auf die Nerven gehen: „Ich habe jedenfalls nicht vor 25 Jahren den Kriegsdienst verweigert, um mir heute sagen zu lassen, wie ich mich in der Kurve zu verhalten habe." Und dennoch: „Freiburg war immer ein cooler Gegenentwurf zu dieser Hybris und dieser Unentspanntheit. Wenn ich an das Dreisamstadion denke, erinnere ich mich an eine tolle Zeit und an ein tolles Stadion, in dem man dem Gästetorwart noch etwas zurufen konnte, und der hat reagiert."

Waldhof calling

Metzger spricht in der Vergangenheitsform, wenn er über die Stadionerlebnisse beim SC redet. Ja, es hat sich etwas geändert im Binnenverhältnis zwischen Sven Metzger und dem SC Freiburg. Metzger sitzt im Biergarten von Bei Dimi, einem griechischen Restaurant in Mannheim. Vor allem aber ist es das Vereinslokal des SV Waldhof, einem Verein, der in vielerlei Hinsicht das Kontrastprogramm zum SC Freiburg ist, auch und gerade, was die Zuschauerstruktur angeht. Hier, im Stadion am Alsenweg, dessen Haupteingang 100 Meter neben dem von Dimi liegt, hat der Waldhof in der Saison 1989/90 mal den FC Bayern mit 1:0 besiegt. Dimi, heute Gastronom in der Vereinsgaststätte, hat damals noch mitgekickt: Der legendäre Vorstopper Dimitrios Tsionanis machte damals den Bayern-Stars Alan McInally und Roland Wohlfarth das Leben zur Hölle. Ein gewisser Damir Burić trieb ebenfalls beim Waldhof sein Unwesen. Am gleichen Wochenende gewann der SC vor immerhin 7.000 Zuschauern sein Zweitliga-Heimspiel gegen Eintracht Braunschweig. Und es war, wie es damals immer war, wenn der SC ein Spiel gewann: Während des Spiels standen hinter dem Tor um die 50 Kutten- und Schalträger, die akustisch selten einmal durchdrangen. Am Schluss applaudierte man brav, vor und nach dem Spiel gab es schnell ganz andere Themen. Bei Auswärtsspielen blieben die Spieler weitgehend unbegleitet.

Metzger, in dessen Portemonnaie der Mitgliedsausweis und die Dauerkarte für die Drittliga-Saison der Waldhöfer stecken, findet diese gelassene Art und Weise, Fußball zu schauen, eigentlich angenehm. Dass sie bis heute nachwirkt, ist auch ein Grund dafür, dass sich Gästefans in Freiburg keine Sorgen um ihre körperliche Unversehrtheit machen müssen. Und doch habe die demonstrative Niedlichkeit rund um den SC eben auch etwas Defizitäres: „Es fehlt der Dreck unter den Fingernägeln." So sehr es ihn noch heute verwundert, wie die Trauer über eine Niederlage in Aggression, Pöbelei und Gewalt umschlagen kann, so sehr befremdet ihn der Mechanismus, der in Freiburg herrscht und den er genauso zwanghaft findet: „Immer gut gelaunt, immer alles scheißegal. Noch bevor du so richtig gemerkt hast, dass dein Verein gerade in die zweite Liga abgestiegen ist, wird ein fröhliches Lied angestimmt, weil Freiburg-Fans ja sooo anders sind."

Metzger freut sich nach wie vor über jeden Freiburger Bundesligasieg. Er mag den Trainer, viele Spieler sind ihm sympathisch, und in all den gemeinsamen Jahren mit dem SC hat er viele Menschen kennengelernt, die er auf keinen Fall missen möchte. Und doch holt er sich seine Stadionerlebnisse jetzt im Carl-Benz-Stadion. Dort, wo er in der vergangenen Saison sein persönliches Fan-Highlight erlebt hat, bei einem dramatischen und umkämpften 3:2-Sieg gegen Saarbrücken – vor über 14.000 Zuschauern und zwei prall gefüllten Fankurven. „Ich kann mich nicht erinnern, bei einem Spiel schon mal so viel herumgehüpft zu sein", sagt Metzger. „Und das, obwohl ich mit meinem Schwiegervater auf der Haupttribüne gesessen habe."

In die kollektive Freude, die damals beim vorentscheidenden Spiel um den Aufstieg durchs Carl-Benz-Stadion wogte, hatte sich viel von dem gemischt, was Fußball ausmacht. Trotzige Sturheit, die endlich einmal belohnt wurde. „Überleg mal: Wer heute als 25-Jähriger zum Waldhof geht, hat, seitdem er zehn ist, nur Gegner wie Elversberg oder Nöttingen gesehen. Gekommen ist er trotzdem immer wieder. Und das, obwohl ihm außen rum alle erzählen, dass man das neue Trikot von Robert Lewandowski haben muss." In der schönen neuen Fußballwelt ist es nicht so ganz einfach mit Dreck unter den Fingernägeln. Doch wer lange genug leidet, wird manchmal tatsächlich belohnt: 1.500 Waldhof-Fans fuhren zum ersten Drittliga-Auswärtsspiel nach Chemnitz, 14.200 kamen zum Montagsspiel gegen 1860. Und dann geht es diese Saison auch noch zweimal gegen Kaiserslautern.

Viele Fragen – und keine wird gestellt

Bei Mitgliederversammlungen des SC Freiburg geht es erstaunlich harmonisch zu. Selbst dann, wenn kritische Fragen mehr als angebracht wären. Ein Ortstermin.

Der SC Freiburg ist ein durch und durch harmoniebedürftiger Verein. Das spiegelt sich nirgendwo so eindrücklich wider wie auf seinen Mitgliederversammlungen. Auch im Oktober 2018 wird kaum einmal kontrovers diskutiert, stattdessen gibt es immer wieder Applaus, wenn wieder mal ein Redner erwähnt, was für ein besonderer, solide geführter Verein der Sport-Club doch sei, einer, der sich nicht vom Aktionismus der Branche anstecken lasse. Stimmt ja zu großen Teilen auch, aber warum braucht es immer wieder diese Selbstvergewisserung?

Am Ende der Versammlung jedenfalls gibt es Blumensträuße. Für die neun Aufsichtsräte, die allesamt ohne Gegenkandidaten en bloc gewählt worden sind, für die beiden Vorstände, Jochen Saier (Sport) und Oliver Leki (Finanzen), die sich ebenso als Sieger des Abends fühlen dürfen wie der Aufsichtsratsvorsitzende Heinrich Breit. Auch für Fritz Keller gibt es Blumen, Applaus und Schulterklopfen. Er selbst blickt eher traurig drein. Im Gegensatz zu vielen Gratulanten weiß der langjährige Vorsitzende ganz genau, dass er künftig nur noch Repräsentant des Vereins ist, entscheidend prägen kann er ihn nicht mehr. Denn dem bisher dreiköpfigen Vorstand, dem Machtzentrum des Vereins, gehört er seit diesem Tag nicht mehr an. Die entsprechende

Satzungsänderung, für die auch Keller selbst tapfer geworben hatte, war mit wenigen Gegenstimmen angenommen worden.

Zuvor hatten die rund 650 Mitglieder eine Erfolgsmeldung nach der nächsten beklatschen dürfen. 17.000 Mitglieder hat der Sport-Club zum Zeitpunkt der Mitgliederversammlung – achtmal so viele wie noch vor zehn Jahren und 2.500 weniger als im Sommer 2019, als man fast die 20.000er-Marke geknackt hat. Mit 100,3 Millionen Euro liegt der Umsatz im abgelaufenen Geschäftsjahr erstmals im dreistelligen Millionenbereich. Der Jahresüberschuss von 11,1 Millionen Euro dürfte hingegen zu großen Teilen in das neue Stadion fließen, in dem der SC ab 2020 seine Heimspiele austragen will.

Konfliktfreudig wie beim SED-Parteitag

Auch die weichen Faktoren, so hört man an diesem Abend, stimmen. Ausweislich einer Studie der TU Braunschweig ist der Sport-Club Freiburg bundesweit der zweitbeliebteste Klub hinter Borussia Dortmund, nur ein Verein, Bayer Leverkusen, hat mehr selbst ausgebildete Spieler („local players") in seinen Reihen. Applaus gibt es auch für die Mannschaft, die am Ende der „Schweinesaison" (Sportdirektor Jochen Saier) 2017/2018 mit vielen Langzeitverletzten die Klasse gehalten hatte. Es ist also fast so harmonisch wie immer bei den Freiburger Mitgliederversammlungen, die die Lokalzeitung im Vorfeld mit SED-Parteitagen in Sachen Konfliktfreudigkeit verglichen hatte. Nur dass die Zwischentöne rund um die Degradierung Kellers dann doch verraten, dass es im Vorfeld einige kontroverse Diskussionen in der Vereinsführung gegeben haben dürfte.

Die bleiben hier im Konzerthaus vollständig aus, es gibt auch keine Abstimmungen. Für neun Aufsichtsratsposten stehen exakt neun Kandidaten zur „Wahl". Nur eine Frau ist darunter, fast alle sind deutlich über 60 Jahre alt. Vorgeschlagen wurden sie vom Ehrenrat, dessen Vorsitzender behauptet, es habe keine anderen Bewerbungen gegeben. Bei 17.000 Mitgliedern niemanden, der sich berufen fühlt, zu kandidieren? Wie man hört, war es tatsächlich so. Kritische Nachfragen wären aber angebracht gewesen, vielleicht hätte man erfahren, woran es liegt, dass sich offenbar so wenige Mitglieder berufen fühlen, tatsächlich mitgestalten zu wollen. Doch die Kandidatenauswahl hinterfragen die Mitglieder ebenso wenig wie die Tatsache, dass es eine Wahl ohne Wahlmöglichkeiten ist. Und auch Heinrich Breit hat an diesem Abend keine Lust auf kritische Fragen: Er nimmt lieber die Gratulationen entgegen und lässt den Journalisten stehen, der ihm gerade eine Frage zum Wahlprozedere gestellt hat.

Abgestimmt wird en bloc, nicht einzeln, wer ein Problem mit Kandidat Nummer fünf hat, die anderen acht aber in Ordnung findet, wählt also den Kandidaten Nummer fünf mit. Das allerdings ganz freiwillig, denn als ein junges Mitglied den Antrag stellt, einzeln abzustimmen, ist eine deutliche Mehrheit dagegen. Es ist zu diesem Zeitpunkt bereits nach 21 Uhr, das Bedürfnis, zeitig nach Hause zu kommen, ist groß. Immerhin: Drei, vier Wortmeldungen gibt es, die berechtigte Fragen stellen. Ein Fan merkt an, dass das, was man beschließen solle – die faktische Entmachtung des von den Mitgliedern gewählten Präsidenten gegenüber den ernannten Vorständen – anderswo „Ausgliederung" heiße und eigentlich nur schwer zu den Lobgesängen auf Demokratie und Mitbestimmung passe, die Saier, Leki und Keller zuvor unter großem Applaus geliefert hatten. So kann, so muss man das sogar sehen, doch die Mehrzahl der Mitglieder empfindet solche Bedenken eher als unhöfliche Ruhestörung.

Dabei gibt es gute Gründe für die Umstrukturierungen im Verein. Dass Keller faktisch entmachtet wird, hat jedoch eher konkrete als strukturelle Ursachen. Zwar ist Keller bestens vernetzt, kennt viele Mitglieder persönlich und hat einige der gegenwärtig 230 meist mittelständischen Sponsoren, die den Verein im strukturschwachen Südbaden am Leben halten, selbst für ein Engagement beim SC geworben. Er hat also enorme

Verdienste um die Finanzen des Vereins, und wenn der Verein von vielen Menschen als nahbar und familiär wahrgenommen wird, liegt das auch an Keller und dessen jovialer Art. Zudem konnten sich sowohl Robin Dutt als auch Christian Streich stets hundertprozentig darauf verlassen, dass er ihnen niemals in den Rücken fallen würde. Auf der anderen Seite kann Keller aber sehr aufbrausend sein. Wenn ihm in den vergangenen Jahren ein Schiedsrichterpfiff gegen den Strich ging, bekamen das oft Dutzende Journalisten mit, an denen er wütend und oft laut fluchend vorbeiging. Und nicht selten sah man danach andere Funktionäre und Spieler, die genervt die Augen verdrehten und von einer „suboptimalen Außendarstellung" sprachen.

Wenn sich das Kontrollgremium selbst kontrolliert ...

Im Freiburger Konzerthaus mit seiner rot ausgekleideten Bühne erfährt man über die Konflikte hinter den Kulissen allerdings nichts. Eher vage sprechen die beiden Vorstände von einer „notwendigen Professionalisierung" und davon, dass ein ehrenamtlicher Vorstandsvorsitzender, der gleichzeitig das operative Geschäft führt, nicht mehr in die Zeit passe. Am deutlichsten sagt das Breit, der Aufsichtsratsvorsitzende, der nicht eben als Keller-Intimus bekannt ist. Im Zweifelsfall, wenn die beiden Vorstände uneins sind, soll nun er selbst das letzte Wort haben. Der Vorsitzende des Kontrollorgans als gleichzeitig letztentscheidende Instanz – eigentlich ist das ein echtes No-Go. Ein Mitglied merkt dann auch kritisch an, dass damit der Vorsitzende des Kontrollgremiums sich selbst kontrolliert. Die einzig logische Schlussfolgerung daraus, nämlich den entsprechenden Passus zu diskutieren und zur Abstimmung zu stellen, fordert aber niemand ein. Die wenigen kritischen Geister lassen sich von Kellers überraschender Behauptung, es sei „noch nichts in Stein gemeißelt", beruhigen. Insgeheim wissen sie natürlich genau, dass eine Satzungspassage, wenn sie erst mal mit Zweidrittelmehrheit beschlossen ist, sehr wohl in Stein gemeißelt ist.

Fraglich erscheint hingegen in diesem Moment, ob auch Keller in aller Konsequenz bewusst ist, dass er künftig nicht mehr mitmeißeln wird. Der Meißel ist ihm gerade von der Mitgliederversammlung bei nur 42 Gegenstimmen weggenommen worden. Kellers Sanftmut überrascht jedenfalls durchaus, denn noch zwei Tage zuvor hatte er via *Badische Zeitung* sehr dezidiert davor gewarnt, dass der Aufsichtsrat ein zu mächtiges Gremium werden könnte: „Ich werde nicht zulassen, dass wir in Freiburg Zustände wie in Kaiserslautern, wie bei den Münchner Löwen oder gar dem Hamburger SV bekommen." Dort seien „die Aufsichtsräte zu mächtig". Ob ihm wohl in den vergangenen Jahren der ein oder andere Aufsichtsrat ebenfalls zu mächtig war?

An diesem Abend verhält sich Keller allerdings ausgesprochen tapfer und tut so, als trage er die Entscheidung nicht nur mit, sondern stehe auch voll dahinter. Man könne sich schon fragen, „warum es eine Satzungsänderung braucht, wenn doch alles so gut läuft", sagt er an einer Stelle. Und beantwortet die Frage gleich selbst: „Genau deshalb, weil es gut läuft." Nun ja.

Später wird dann laut geklatscht, als Keller noch mal betont, man brauche „keinen ehrgeizigen Investor, der anfängt von der Europa League zu träumen, wenn wir gerade mal aus der zweiten Liga aufgestiegen sind". Die Mitgliederversammlung und sonst niemand im Verein müsse der „Souverän" bleiben, findet er.

Qual der Wahl? Nicht beim SC

Der Souverän will an diesem Abend seine demokratischen Rechte allerdings nur sehr bedingt wahrnehmen. Der Präsident? Gewählt ohne Gegenkandidaten. Die Aufsichtsräte? Ebenfalls ohne Gegenkandidaten gewählt. Die Satzungsänderung? Beschlossen, ohne dass auch nur einer die Möglichkeit einfordert, Änderungsanträge zu stellen und Modifikationen vorzunehmen.

Alles in allem gibt es aber auch eine andere Möglichkeit, die Satzungsänderung zu diskutieren. So wie sie auf dem Papier steht, enthält sie einige bedenkliche Passagen. Setzt man aber für die einzelnen Akteure die konkreten Personen ein – für „Vorstand" also „Jochen Saier" und „Oliver Leki" – entsteht ein anderer Eindruck. Die beiden sind sich, wenn auch manchmal nach kontroversen Diskussionen, einig, was die grundsätzliche Ausrichtung des Vereins betrifft. Dass sich die beiden häufig die Köpfe einschlagen, bis der Aufsichtsratsvorsitzende ein salomonisches Urteil spricht, ist extrem unwahrscheinlich. Doch genau das ist das Seltsame an dieser Mitgliederversammlung. Jeder Eingeweihte weiß, dass gerade die Satzungsänderung von Menschen ausgetüftelt wurde, die dabei weniger Strukturen als die konkreten Personen vor Augen hatten, wie sie seit vielen Jahren die Geschicke des Vereins prägen. Wenn man dafür sorgen will, dass Leki, Saier und Breit bleiben, Keller aber weniger Macht erhält, muss man die Satzungsreform genau so angehen. Doch was passiert, wenn Leki oder Saier abgeworben werden, wenn Menschen in den Vorstand geraten, die vielleicht weniger mit dem SC verbindet als den hochgradig integren Saier? Diese Frage wirft Keller in einem Nebensatz auf. Berechtigterweise. Doch auch diesen Faden nimmt im Konzerthaus niemand auf, eine Diskussion bleibt aus.

Keller selbst ist allerdings nicht ganz unschuldig daran, dass er den Abend eigentlich nur als entwürdigend empfinden kann. Es hätte im Vorfeld schließlich immer wieder auch die Möglichkeit gegeben, einen Abgang hinzubekommen, bei dem der verdiente Funktionär und 100-prozentige SC-Fan Keller sein Gesicht hätte wahren können. Er hätte einfach nur erklären müssen, dass er als einer der renommiertesten deutschen Winzer und Gastronomen die Doppelbelastung durch ein arbeitsintensives Ehrenamt nicht mehr hinbekomme, dass ein Generationswechsel nottue, dass er sich den Stress lange genug angetan habe.

Zwar gibt es am Abend des 18. Oktober Blumen und Applaus für Keller. Doch die Saalregie fängt gegen halb zehn das Gesicht eines Mannes ein, dessen Mimik so gar nicht zum Drumherum passen will. Denn während Hunderte SC-Mitglieder ihrem mal wieder mit einem Rekordergebnis gewählten Präsidenten applaudieren, blickt der ziemlich traurig drein. Er weiß schließlich ganz genau, dass er von nun an ein Präsident sein wird, der nur noch den Titel eines Vorsitzenden trägt. Seine Ankündigung, er werde „weiter unbequem sein, wenn es sein muss", klingt kämpferisch. Doch zumindest die beiden übriggebliebenen Vorstände dürften in diesem Moment wissen, dass Keller nun gar nicht mehr unbequem sein kann.

Irgendwann im Sommer 2019 merkte die SC-Führung, dass tatsächlich etwas dran war an dem Gerücht, dass Keller als DFB-Präsident gehandelt würde. Emotional dürfte ihm der Abschied vom SC also so schwerfallen, wie es ein Zitat aus der Pressestelle behauptet, de facto wird er künftig beim DFB weit mehr zu sagen haben als zuletzt bei seinem Heimatverein.

Für den DFB könnte Keller in vielerlei Hinsicht eine gute Besetzung sein. Das Lager der Amateure ist ihm emotional näher als die investorengetriebenen Klubs in der Champions League. Auch der Dialog mit den Fans könnte unter ihm wieder Fahrt aufnehmen. Spätestens seitdem sich die Freiburger Ultraszene für den Bau des neuen Stadions engagierte, spricht er differenzierter und gnädiger über die „zum Teil sehr intelligenten jungen Menschen". Auch Fragen der gesellschaftlichen Verantwortung dürften bei ihm in guten Händen sein. Er ist ein überzeugter Europäer, der eindringlich vor den Gefahren von Nationalismus und Intoleranz warnt. Schon allein deshalb, weil ihm Frankreich und Italien näher sind als Berlin. Zumindest kulinarisch.

Strukturen für den strukturschwachen Raum

Oliver Leki wurde geholt, um den Stadionneubau zu organisieren und die internen Abläufe zu verbessern. Noch heute wirkt Leki anders als Christian Streich, Klemens Hartenbach und Jochen Saier. Doch das tue dem Verein gut, sagen die.

Oliver Leki hat dieser Tage besonders viel um die Ohren. Vor ein paar Wochen war die Grundsteinlegung fürs neue Stadion, jetzt wird es ernst. Eine Sitzung jagt die nächste, Begehrlichkeiten werden formuliert, von der Aufteilung der Büros bis hin zur Frage, welche Art von Verpflegung in welchem Stadionbereich einmal angeboten werden soll.

Wenn irgendwann – aller Voraussicht nach im August 2020 – das erste Heimspiel im neuen Stadion angepfiffen wird, dürfte das auch für Leki ein erhabener Moment sein. Schließlich wurde er damals, 2013, explizit dafür geholt, den geplanten Stadionneubau in die Wege zu leiten. Heinrich Breit, damals Schatzmeister und heute Aufsichtsratsvorsitzender des SC, hatte sich für Leki starkgemacht und wurde in der Pressemitteilung zu dessen Verpflichtung folgerichtig auch prominent zitiert: „Wir sind glücklich, dass wir mit ihm einen Geschäftsführer gefunden haben, der über langjährige Erfahrung in der Führung eines Fußballvereins verfügt und mit uns die anstehenden Herausforderungen, insbesondere im Bereich der Strukturentwicklung des Vereins und in der Stadionfrage, anpacken wird."

Nun, da das meiste erfolgreich angepackt ist, da ein Standort und ein Modell gefunden wurden und alle politischen Hürden überwunden sind, gönnt sich auch Leki ein wenig Zufriedenheit. Selbstverständlich ohne dabei – in dieser Hinsicht ist er vollkommen SC-sozialisiert – die eigenen Verdienste daran auch nur im Geringsten herauszustreichen. „Du siehst jetzt etwas, Fundamente werden gegossen, auf der Baustelle ist Betrieb, und wir kommen mit unseren Planungen, wie das Innenleben aussehen soll, jeden Tag weiter", sagt er und spricht von einem Gefühl wie am Abend des 24. Dezember: „Das ist wie bei Weihnachten, worauf man sich ja auch im Vorfeld schon freut, wo aber die Freude noch mal einen Schub bekommt, wenn du siehst, was unterm Weihnachtsbaum liegt."

Dass Weihnachten für den SC auch hätte ausfallen können, ist Leki natürlich bewusst. Und offenbar war es ihm zeitweilig durchaus schmerzhaft bewusst. Denn während das Gros der Beobachter davon ausgegangen war, dass das Stadionprojekt bei der Volksabstimmung eine mehr oder weniger deutliche Mehrheit bekommen würde, hatte Leki „großen Respekt" vor dem Urnengang. „Nicht weil ich Sorge hatte, dass das Projekt nicht den nötigen Rückhalt haben könnte. Aber wenn man sich andere Bürgerentscheide in den vergangenen Jahren so anschaut – da haben oft Randnotizen und Nebengeräusche über solch eine Abstimmung entschieden. Wenn wir in politisch schwieriges Fahrwasser gekommen wären – zum Beispiel, weil es zuvor einen Terroranschlag auf ein Stadion gegeben hätte oder irgendein Skandal aufgepoppt wäre –, dann hätte schnell eine negative Stimmung gegenüber dem gesamten Profisport entstehen können, die dann das Projekt in Mitleidenschaft gezogen hätte."

Neidvoller Blick nach Karlsruhe

Niemand beim SC, schon gar nicht Leki, würde es zugeben, aber natürlich schauen sie im strukturschwachen Südbaden manchmal neidisch in Richtung anderer Standorte. Selbst ins

130 Kilometer entfernte Karlsruhe, zum nächstgelegenen Profiverein, dem sie in den letzten Jahrzehnten sportlich sehr deutlich den Rang abgelaufen haben. Dort, in Karlsruhe, hat die Stadt allerdings den Stadionumbau des heutigen Zweitligisten mit über 120 Millionen Euro vorfinanziert. Das Geld soll zwar binnen drei Jahrzehnten vom Fußballverein zurückerstattet werden, fehlt jetzt aber erst einmal dem städtischen Haushalt. Das sind Summen, die die Stadt Freiburg nicht einmal ausgeben würde, wenn sie sie zur Verfügung hätte. „So eine Finanzierung wie in Karlsruhe wäre in Freiburg nicht möglich gewesen. Dazu sind die finanziellen Spielräume hier nicht groß genug", sagt auch Leki. „Umso dankbarer sind wir für die Unterstützung der Stadt. Da hat die Politik einen großen Beitrag geleistet. Aber natürlich unter Rahmenbedingungen, die woanders vielleicht größer gewesen wären."

Bemerkenswert an dieser Aussage ist zweierlei. Erstens, der Realismus, der darin besteht zu wissen, dass ein vergleichsweise nackter Mann wie die Stadt Freiburg eben keine allzu tiefen Taschen hat. Und zweitens, das strategische Geschick, das Leki auch von seinen Kritikern nie abgesprochen wird. Denn natürlich hätte auch er nichts dagegen, wenn die öffentlichen Gelder in Freiburg noch ein wenig großzügiger sprudeln würden. Doch wichtiger ist ihm ein dauerhaft gutes Arbeitsverhältnis mit der Kommune, auf das man ja auch in Jahrzehnten noch angewiesen sein wird. Mit dieser Strategie dürfte man mittelfristig auch deutlich besser fahren als mit dem Kleinkrieg, den sich der KSC über Jahre mit der Stadt lieferte und der manchem Karlsruher Bürger den Eindruck vermittelte, beim Verein sei man der Meinung, dass eigentlich die Stadt dem Verein dankbar sein müsse, ihm 120 Millionen Euro zur Verfügung stellen zu dürfen.

Glaubt man Leki, ist das neue Stadion ebenso wohlproportioniert wie die eigene Verhandlungsstrategie. Von einem Fassungsvermögen von 24.000 wie bisher bis zu einem von 42.000 habe man alle Varianten durchdiskutiert – und sich am Schluss auf

34.700 verständigt. „Ich finde, das ist genau die richtige Größe. Damit haben wir die Chance, vernünftig zu wachsen." Denn wachsen wollen sie natürlich. Schließlich gebe es Jahr für Jahr etwa 6.000 Dauerkartenanfragen, die man abschlägig bescheiden müsse, berichtet Leki. Nun sollen genau die 6.000 möglichst dauerhaft dazukommen. Und nicht nur die. Auch die verbesserte Verkehrsinfrastruktur, so hoffen sie beim SC, dürfte vielen den Stadionbesuch erleichtern: „Bisher war es ja eine Weltreise, wenn man aus Basel oder Offenburg zu unseren Heimspielen wollte, das ist jetzt natürlich etwas anderes. Ob's dann letztlich 31.000 oder 33.000 im Schnitt werden, wird sich zeigen."

Ein Stadion als Einflugschneise

Vor allem in Richtung Schweiz und Frankreich möchte der SC gerne expandieren. Genaue Zahlen darüber, wie viele Menschen aus den beiden Nachbarländern zu den Freiburger Spielen kommen, gibt es nicht. Man weiß aber, dass zwischen vier und fünf Prozent der Dauerkarten jetzt schon an Fans jenseits der Grenze gehen. „Das wird künftig zunehmen", weiß Leki, der zugibt, dass „wir in der Vergangenheit nicht in den Märkten drin waren". Weil es auch hierfür auf der Geschäftsstelle kein Personal gibt – was Leki möglicherweise bestreiten würde. Er spricht zumindest lieber von „schlanken Strukturen" und davon, dass man „nicht überbesetzt" sei. Und weil man bislang kein Angebot bewerben musste, das man nicht im Regal hatte – was Leki definitiv so sieht: „Was willst du in Colmar oder Straßburg bewerben, wenn du eh keine Karten anzubieten hast?"

Künftig will der Sport-Club jedenfalls im nahen Ausland aktiver werden. Man habe „den Anspruch, die Einflugschneise für ein Schweizer Unternehmen zu sein, das in Deutschland Fuß fassen will. Wenn einer zu Bayern München will, können wir ihn nicht aufhalten. Aber gegenüber allen anderen Städten weiter nördlich haben wir durch unsere Lage natürlich gute Argumente."

Doch wie sieht Leki die emotionale Seite des Stadionumzugs? Leki ist Freiburgs Mann der Zahlen und pflegt einen anderen Habitus als die Troika Streich-Saier-Hartenbach. Ein Außenstehender, der die vier sieht und auf denjenigen zeigen sollte, der nicht hineinpasst, würde ziemlich sicher auf Leki deuten. Doch genau diese Andersartigkeit, hört man, tue dem Verein ausgesprochen gut. Zumal Leki zwar hierarchischer denke und handle als beispielsweise Vorstandskollege Saier, Widerspruch aber durchaus schätze. Wenn der Verein, der seit den Finke-Jahren alles dem sportlichen Bereich untergeordnet habe, heute im Marketing oder im Finanzbereich wirkliche Strukturen aufweise, sei das fast ausschließlich Lekis Verdienst.

Fußballsozialisiert ist der Mann, der nun auch schon seit über sechs Jahren in Freiburg und zuvor zehn Jahre beim 1. FC Köln tätig war, sowieso. Als es darum ging, Position für den Erhalt der 50+1-Regel zu beziehen, war Leki zur Stelle, er hat seine Meinung (und die des gesamten Vereins) immer wieder mutig und argumentativ gut begründet. Das hat ihm den Respekt vieler aktiver Fans eingebracht, die vorher zum Teil noch mit ihm gefremdelt hatten. Und auch bei den Stadionplänen, heißt es auf beiden Seiten, haben Fans und Verein in vielen Bereichen Lösungen gefunden, mit denen beide leben können. Still, leise und hinter verschlossenen Türen, wie man es seriöserweise tun sollte.

„Es ist wichtig, dass vor und nach dem Spiel etwas geboten ist", sagt Leki heute. „Wenn du dich irgendwo wohlfühlst, bleibst du da, sonst gehst du halt woanders hin. Das geht mir auch nicht anders, wenn ich mal privat irgendwo Fußball gucke." Doch während es in Köln, wo nach Auffassung vieler Fußballfans das mit Abstand beste der im Zuge der WM 2006 neu entstandenen Stadien steht, kaum jemanden gibt, der dem weitläufigen Müngersdorfer Stadion nachtrauert, könnte das in Freiburg anders sein.

Denn wie viel authentische Fußballatmosphäre das neue Stadion hergeben wird, das in Wirklichkeit nicht so „singulär" aussieht, wie es bei der Grundsteinlegung nicht nur von den Architekten behauptet wurde, muss sich erst noch erweisen. Dass man mit dem alten an der Schwarzwaldstraße ein echtes Fußballstadion aufgeben muss, ist hingegen unbestritten. Auch Leki sieht das so. „Das wäre ja, wie wenn du dich von deiner Traumfrau trennst und behauptest, da sei nie etwas gewesen. Wenn so ein Übergang nahtlos ginge, hieße das ja auch, dass es bisher nicht gepasst hat."

So viel dazu. Doch dass mit dem Verlust eines Stadions gleichzeitig die emotionale Bindung leiden wird, befürchtet er nicht: „Man weiß ja immer noch, wo man ist, und man sieht den Schwarzwald immer noch. Ich glaube auch, dass sich Heimat eher über Gefühle als über Bilder vermittelt. Aber natürlich ist das ein Prozess, es wird dauern, bis ein neues Stadion auch eine neue Heimat ist."

Kein Fraß vom Systemcaterer

Um möglichst viel Heimat herüberzuretten, haben sie sich beim SC jedenfalls schon mal gegen die in den deutschen Stadien so beliebten Foodgiganten entschieden. Vorgeschnittene Currywurst in Fünf-Liter-Schläuchen, die mit Kellen in die Pappschälchen geschaufelt wird, werden nicht im Angebot sein. „Es wird jedenfalls keinen Systemcaterer geben", betont Freiburgs Vorstand. „Das würde nicht zu uns passen. Natürlich kannst du nicht fünf verschiedene Wurstsorten anbieten. Aber es muss möglich sein, eine Merguez im Sortiment zu haben. Ganz einfach, weil die Leute das hier gerne essen." Merguez, das sei Menschen gesagt, die nicht so nah an der französischen Grenze wohnen, ist eine im Idealfall aus Lamm-, in Deutschland aber meist aus Rindfleisch bestehende, ursprünglich aus dem Maghreb stammende Wurst, die in Freiburg, wo man allerdings auch zum „ESS-ce" geht, irritierenderweise auf der ersten Silbe – „MERGess" – betont wird.

Nun zur Abschlussfrage. Herr Leki, wofür steht für Sie – abgesehen von der MERGess – der SC Freiburg? Leki muss

Christian Streich: „Ich habe gewusst, dass es nicht gut aussieht, wenn ich am Spielfeldrand kämpfe, mache und tu."

Eng mit dem Verein verbunden: die Sportvorstände Klemens Hartenbach und Jochen Saier.

Reflektierter Spieler: Nils Petersen.

Auch ein erfolgreicher Winzer und Gastronom: Fritz Keller.

Einst Mannschaftskapitän, jetzt Verbindungstrainer: Julian Schuster. In seiner neuen Funktion kümmert er sich um die Schnittstelle zwischen der U19, der U23 und den Profis.

Heimelige Idylle: das Schwarzwaldstadion.

So soll es aussehen: das neue Stadion. Die Eröffnung ist zur Saison 2020/21 geplant.

Mannschaftskapitän und Fußballromantiker: Mike Frantz.

Hatte sich seinen Abschied von Freiburg anders vorgestellt: der ehemalige Kapitän Heiko Butscher.

Christian Günter (Mitte) freut sich über die erfolgreiche Saison 2018/19.

In Freiburg liebt man Routinen wie das alljährliche Trainingslager in Schruns/Vorarlberg.

Bei jedem Sommertrainingslager dabei: Vroni Kromer und Georg Strittmatter vom SC-Fanklub Höchenschwand.

nicht lange überlegen, bis die Attribute sprudeln: „Bodenständig, familiär, reflektiert, für eine gewisse Innovationskraft, für Glaubwürdigkeit und für seriöses Handeln." Gut möglich, dass der ein oder andere Angestellte die Stirn runzelt bei dieser Aufzählung, doch die meisten dieser Attribute würde wohl jeder andere Geschäftsstellenmitarbeiter, jeder Fan und jeder Journalist ebenfalls nennen, wenn er auf den SC Freiburg angesprochen würde. Wenngleich der Zielkonflikt zwischen Bodenständigkeit und Innovationskraft in Freiburg definitiv meist zu Gunsten der Bodenständigkeit aufgelöst wird.

Kurz zuvor war Leki auf Achim Stocker angesprochen worden, den Mann, den alle in Freiburg als stilbildende Figur nennen. Und auch Leki, der Stocker noch als Kölner Funktionär kennengelernt hat, zögert keine Sekunde, wenn er berichten soll, was er für seinen Aufgabenbereich als Stockers Erbe definieren würde: „Nicht mehr auszugeben, als du einnimmst. Das klingt zwar fürchterlich simpel, aber deswegen ist der Verein schuldenfrei, und wir haben jedes Jahr vernünftige Gewinne, weil wir wissen, dass es auch sportlich wieder schlechter laufen kann. Dann ist es wichtig, dass du Reserven aufgebaut hast, um solche Phasen zu überstehen, ohne dass es dich zerlegt. Man sieht ja bei vielen Traditionsvereinen, wie schnell man den Anschluss verpassen kann. Nach ein paar Jahren bist du dann halt ein echter Zweitligist." So gesehen ist Oliver Leki definitiv der richtige Mann am richtigen Ort.

Tragende Wand

Jochen Saier ist zu 100 Prozent SC-sozialisiert und hat feine Antennen dafür, was zum Verein passt. Dennoch hat er sich eine erstaunliche geistige Unabhängigkeit bewahrt. Für den Verein ist er ein Glücksfall.

Der Mann, der einem im Sommer 2019 im Besprechungsraum des Freiburger Stadions gegenübersitzt, ist erst 41 Jahre alt. Das muss man sich immer wieder vor Augen führen, wenn man sich die anderen Parameter in der beruflichen Karriere des Jochen Saier in Erinnerung ruft: seit 2014 Sportvorstand des SC Freiburg, zuvor Sportdirektor, seit 2002 in der Freiburger Fußballschule, deren Leiter er 2003 wird. Im deutschen Profifußball gibt es keinen dienstälteren Funktionär, der noch so jung ist wie er. Saier war 23 Jahre alt, als er in Freiburg anfing.

Und doch gibt es in der Bundesliga immer noch Sportjournalisten und Funktionäre, die erst eine Weile überlegen müssen, bis ihnen außer Christian Streich Exponenten des SC Freiburg einfallen. Saier teilt dabei ein ähnliches Schicksal wie Klemens Hartenbach oder Oliver Leki. Ihre Namen fallen, wenn überhaupt, oft erst nach dem von Fritz Keller, der überregional auch als Winzer und Gastronom bekannt geworden ist. Vor allem aber fallen sie nach dem des Cheftrainers.

Vor dem Heimspiel gegen den 1. FC Nürnberg im Mai 2019 berichtet ein Scout, der für einen anderen Bundesligisten arbeitet, dass er vor einiger Zeit mit Saier am Rande einer Spielbeobachtung ins Gespräch kam und sowohl über die Fachkompetenz als auch über das branchenunüblich dezente Auftreten des Gesprächspartners überrascht war. Als er dann bemerkte, mit wem er das Vergnügen hatte, war der Mann peinlich berührt: Dass er das Freiburger Pendant zu Max Eberl oder Armin Veh nicht sofort erkannt hatte, war ihm sehr unangenehm.

Auch wenn man Saier glauben kann, dass er heilfroh ist, noch in die Stadt gehen zu können, ohne sofort von Selfie-Jägern umringt zu werden, kann man wohl davon ausgehen, dass er ein wenig schmunzelt, wenn er diese Anekdote hört. Wer ständig ein selbstbewusstes Auftreten attestiert bekommt, freut sich, wenn das einmal nicht erwähnt wird, vielleicht sogar einmal sanftere Charakterzüge herausgestrichen werden. Und wer – wie er – ständig lesen muss, wie bescheiden und zurückhaltend er doch auftrete, fragt sich sicher nicht nur insgeheim, ob er als zuverlässiger, aber ein wenig farbloser Teil des Inventars wahrgenommen wird. Zumal in einem Verein, der sich in den letzten 30 Jahren immer zuallererst über seinen Cheftrainer darstellte.

Natürlich hat Saier auch ganz andere Seiten. Zumindest deutet darauf die Formulierung hin, die fast deckungsgleich alle benutzen, wenn sie auf den Freiburger Sportvorstand angesprochen werden: „Er kann auch anders", heißt es dann. Wenn Saier eine Sitzung leitet, ist er der Chef. Wenn ein Angestellter an seine Arbeit erinnert werden muss, fällt das angemessen deutlich aus. Wenn ein Spieler sich beim Gehaltspoker mit Saier verzockt, merkt er das sehr schnell.

Trifft Saier auf einen Journalisten, der sich beim Fußball auch für Fußball interessiert, entwickeln sich oft faszinierende Gespräche voller anschaulicher Metaphern und Wortspiele. Anders, also nur mit Fleiß und Sachverstand, wäre ein damals 23-jähriger Jungspund auch beim Ausbildungsverein Freiburg nicht Spitzenmanager geworden. Und wenn er hundertmal so gute Arbeit im Nachwuchsbereich geleistet hätte – er wäre der Nachwuchsmann geblieben.

„Bei uns ist die Außenwahrnehmung traditionell auf den Trainer fokussiert", sagt Saier, der später konsequenterweise auch vom „Trainerverein" SC Freiburg sprechen wird. Das sei auch, mit Abstufungen, bei allen drei Freiburger Trainern, die über mehrere Jahre hier gearbeitet haben, zum Nutzen des Vereins gewesen: „Am besten ist es natürlich, wenn der Verein eine klare Idee hat, idealerweise findet er dann den passenden Cheftrainer dazu. Und macht den möglichst stark. Dann kann etwas Fruchtbares entstehen."

So wie es beim Sport-Club war, der nach der Ära Volker Finke zuerst extern (bei den Stuttgarter Kickers und Robin Dutt) und dann intern (in der Fußballschule bei Streich) fündig wurde. Der Verein habe da eigentlich immer „ein gutes Gefühl" gehabt, sagt Saier, der das nicht sonderlich erfolgreiche Intermezzo mit Marcus Sorg nicht tiefergehend erörtern will. Ansonsten stehen drei Trainer in gut 30 Jahren zu Buche, über weite Strecken mit hoher Zufriedenheit auf beiden Seiten. Was dafür spricht, dass auf Vereinsseite meist ein „sehr gutes Gefühl dafür geherrscht hat, welcher Trainer in welcher Situation zum Verein passt". Kaum gesagt, revidiert Saier seine Aussage allerdings und kommt dabei auch unweigerlich auf seine eigene Arbeit zu sprechen. Dass so etwas wie die wichtigste Personalie im Verein nach „Gefühl" entschieden wird, will er doch konkretisieren. Denn ein Gefühl, das sei ja nicht unbedingt etwas Vages, nichts, das von Erfahrungen und Wissen losgelöst wäre. „Solche Entscheidungen, die auch aus einem Bauchgefühl heraus getroffen werden, beruhen deswegen ja nicht auf Zufall. Ich glaube eher, dass ein Bauchgefühl die Summe aus Erfahrungen widerspiegelt."

Lässt man sich auf diesen Gedanken ein, ist es eigentlich nur logisch, dass sich das Freiburger Trio Hartenbach-Saier-Streich so gut ergänzt, schließlich hat es über viele, viele Jahre gemeinsame Erfahrungen gemacht. Gemeinsam verbrachte Zeit als Grundbedingung für weitere gemeinsam verbrachte Zeit. „Kontinuität kann nur dann entstehen, wenn im Binnenverhältnis sehr vieles passt. Zum Beispiel, dass man sich nerven kann, dass man sich auch mal anbrüllen kann, ohne dass an dem Fundament etwas bröckelt. Wenn das passieren würde, würden es die Leute merken", sagt er. Und liefert ein weiteres Beispiel dafür, wie eingespielt die Interaktion der drei Freiburger Masterminds aus seiner Sicht ist. Wenn man übereingekommen sei, einen Spieler zur Vertragsunterschrift bewegen zu wollen, koordiniere man vorher nicht die möglichen Strategien in der Gesprächsführung. „Wir drei sprechen uns da vor dem Erstkontakt mit dem Spieler nicht mehr groß ab. Jeder ist so, wie er ist. Und als Gegenüber spürt man das dann hoffentlich auch."

Ein im Wortsinn gesundes Selbstvertrauen spricht aus diesen Worten – und der feste Glauben, dass man dann am überzeugendsten ist, wenn man das, was man selbst schätzt, vermittelt. Es ist eine (Selbst-)Sicherheit, die auf dem Wissen beruht, dass man nichts vorspielen muss, weil man weiß, was man kann. So etwas entsteht erst nach Jahren. Zumindest bei Menschen wie Hartenbach oder Saier, denen anlasslose Protzerei nicht liegt.

Wobei die Gelassenheit, die viele Abläufe beim SC Freiburg prägt, nicht immer nur das Resultat der traumwandlerischen Instinktsicherheit der leitenden Funktionäre ist. Oft fehlt schlicht und einfach eine vorgegebene Strategie – was man ja auch durchaus als Manko empfinden kann. Es mag albern sein, wenn sich profitorientierte Profivereine mit Millionenumsätzen wohlklingende Leitbilder verordnen, die angeblich das Handeln leiten, de facto aber nur Wortgeklingel sind. Beim SC Freiburg fehlen hingegen auf einigen Feldern derartige Papiere, stattdessen arbeiten die handelnden Personen, wie sie das für richtig halten – und schaffen so Strukturen. „Wir haben keine Arbeitsgruppe und kein Reißbrett, an dem wir unser Wunschimage definieren würden. So war es hier auch noch nie", sagt Saier. „Hier hat sich in der Vergangenheit immer alles entwickelt, wie es sich entwickelt hat, eben nicht aus einer übergeordneten Strategie heraus, sondern aus dem, was die tragenden Personen eingebracht haben." Das war bislang sehr im Sinne des Sport-Clubs, kann aber zum Problem werden, wenn eine oder gar mehrere der vier wichtigen Positionen im operativen Geschäft neu besetzt werden müssen. Wenn tragende Wände aus einem Gebäude entfernt werden, ist das immer schlimm. Wenn es aber keinen Bauplan gibt, ist es eine echte Katastrophe.

Als Saier zuerst von Andreas Bornemann das Amt des Nachwuchsleiters übernahm und dann von Dirk Dufner sein jetziges, orientierte er sich deshalb in beiden Fällen an den Vorgängern, die er nicht unbedingt in jeder Hinsicht als Vorbild empfunden haben mag. Doch letztlich galt es zu schwimmen, vom ersten Tag an weitgehend selbstständig und ohne nennenswerte Einarbeitungsphase, wie das anderorts gang und gäbe ist.

Natürliche Autorität

Über Saier hörte man rund ums Schwarzwaldstadion schon früh, dass er die hohen Erwartungen eher noch übertreffe. Saier verfügt über eine hohe soziale Intelligenz, noch heute hört man auf der Geschäftsstelle kaum einmal ein negatives Wort über ihn oder den Umgangston in den Arbeitsbereichen, die er leitet. Saier hat eine natürliche Autorität, ohne laut werden zu müssen. Man geht halt „zum Jochen", und manchmal wird aus dem angekündigten Grundsatzgespräch ein netter Plausch oder aus der Forderung, dass der oder jener gehen müsse, die gegenteilige Behauptung. War dann alles nicht so gemeint gewesen. Freiburg liegt in Südbaden, einem extrem harmoniebedürftigen Landstrich.

Woran es bei Saier in den ersten Monaten noch haperte, war hingegen die Souveränität im Scheinwerferlicht. Eine interessante Parallele zu Hartenbach und Streich, die noch heute im direkten Gespräch weitaus souveräner und überzeugender wirken als vor der Kamera. Was daran liegen könnte, dass alle drei zu komplex denken, um Zehn-Sekunden-Botschaften gut transportieren zu können. Doch wenn Saier heute – wie immer in den Halbzeitpausen – ans Sky-Mikrofon geht, wirkt das so selbstverständlich wie der morgendliche Gang zum Bäcker. Längst verzichtet er sogar auf ein Briefing mit dem betreuenden

Redakteur, wenn er einen Live-Auftritt im Fernsehen hat. Er weiß, dass er dann am besten rüberkommt, wenn er frei heraus antwortet. Die nötige Intelligenz, um sich nicht zu verquatschen, bewies er schon mit Anfang 30, als die Fernsehanstalten erstmals Interviews mit ihm als neuem Sportdirektor anfragten. Heute hat er die nötige Routine, um dabei in sich zu ruhen und souverän zu wirken.

„Bei mir ist es so, dass ich auch in Interviews besser bin, wenn es einfach losgeht. Ich verzichte gerne auch beim *Doppelpass* auf detaillierte Vorgespräche", sagt er. „Über meine Arbeit zu reden, ist ja etwas anderes, als sich auf ein Chemiereferat vorzubereiten. Wenn du nicht den doppelten Boden brauchst, bist du besser."

Saier wird im Übrigen gerne als Stimme der Vernunft eingeladen. Auf die Frage, ob es nicht ein bisschen wenig sei, immer das langweilige Saisonziel Klassenerhalt auszugeben, antwortet er, alles andere sei vermessen. Er sagt das in aller Ruhe, ohne jeden Seitenhieb gegen die Vereine in der Branche, die mit den Millionen nur so um sich werfen und deren Vertreter im *Doppelpass* ja oft neben ihm sitzen.

Dabei hat Saier zum Geschäftsgebaren manches großspurigen Ligakonkurrenten schon eine klare Meinung. Er weiß nur, in welchem Forum er sie sagen kann und wo er es besser sein lässt. In einem Verein, in dem über Jahre zwei sehr impulsive Menschen wie der Präsident und der Trainer die Außendarstellung prägten, ist Saiers mäßigendes Temperament fast schon lebensnotwendig. Wer den SC Freiburg als Journalist begleitet, kann sich an unzählige Partien erinnern, nach denen Trainer und Präsident in unterschiedlichen Wutgraden ihrer Stimmung freien Lauf ließen. Saier bleibt hingegen kontrolliert, zieht hier mal einen wütenden Freiburger Spieler von seinem Gegenspieler weg und tröstet dort einen am Boden zerstörten Nachwuchsmann. Dabei leidet er genauso unter Freiburger Niederlagen wie andere Angestellte, er hat sich nur besser unter Kontrolle.

Im Vergleich zu Christian Streich, der oft nach innen wie nach außen gleichermaßen emotional ist, verfügt Saier über deutlich mehr schützende Barrieren bis zur Oberfläche. Und gleichzeitig ist er, bei aller Verbundenheit mit dem SC Freiburg, aus dem Trio Hartenbach-Streich-Saier derjenige mit der größten inneren Unabhängigkeit. Saier funktioniert perfekt im Team mit den beiden anderen. Er würde aber wahrscheinlich besser als diese auch anderswo funktionieren. Wie Hartenbach und Streich würde er wohl nur dann zu einem anderen Verein wechseln, wenn sehr viele Parameter gleichzeitig stimmten. Wie die beiden anderen würde er dem Sport-Club allenfalls unter großen Trennungsschmerzen den Rücken kehren. Doch wenn er sich einmal für einen Wechsel entschieden hätte, zum Beispiel, weil ein solide geführter Verein mit Perspektive, Gestaltungsmöglichkeiten und innerer Ruhe ihm glaubhaft gemacht hätte, dass er dort über Jahre etwas bewegen könne, dann würde es Saier anders gehen als den beiden anderen Freiburger Alphatieren. Im Gegensatz zu den beiden anderen hat er sein Leben nach dem Schulabschluss im Badischen in einem anderen Landesteil fortgesetzt und zog zum Studium nach Bayreuth und Boston. Erfahrungen, die ihm helfen würden, sich in der neuen Umgebung zu akklimatisieren und in der wenigen Freizeit neue Biotope zu suchen. Hartenbach und Streich, die in einem 50-Kilometer-Radius rund um Freiburg jeden Stein kennen, würden einen etwaigen neuen Arbeitsplatz hingegen wohl eher mit dem alten vergleichen, der zugleich immer auch Heimat war und ist.

Auch Sisyphos hat sich Zeit genommen

Doch noch ist Saier in Freiburg, und wer weiß, von wem das jüngste Angebot kam, das er ausgeschlagen hat, kann sich nicht vorstellen, dass es ihn beim nächstbesten Anruf fortzieht. Schon gar nicht in der jetzigen Umbruchphase, die ja eigentlich „nur" den Umzug in ein neues Stadion bedeutet, für den Schwarzwaldtanker SC aber fast schon so etwas wie eine Raumfahrt zu bislang unentdeckten Planeten darstellt. Zumindest eine, die den Abstand zum Boden ein wenig vergrößert: „Auch mit dem neuen Stadion gehören wir immer noch nicht zum Mittelbau der Bundesliga, aber der Abstand nach unten ist größer geworden." Überhaupt blickt Saier nach wie vor mit ziemlicher Sorge auf die aktuellen Entwicklungen in der Branche. „Wie viele Vereine in der zweiten Liga gibt es, die mindestens das Potenzial von uns hätten, was Tradition, Stadion, Wirtschaftskraft angeht?", fragt er. Selbst den KSC, Zweitligaaufsteiger der Saison 2018/19, dem man sportlich weit enteilt ist, zählt er zu den Vereinen, die eigentlich keine schlechteren Voraussetzungen für dauerhaften Profifußball haben. Weshalb er auch in diesem Gespräch noch mal betont, dass „ein Abstieg bei uns kein Worst-Case-Szenario" sei. Nicht einmal das. „Das kann ganz schnell gehen. Kleinigkeiten gehen schief, schon bist du abgestiegen. Es geht dann halt darum, die Voraussetzungen zu haben, wieder aufsteigen zu können." Wie der gute alte Sisyphos würden sie dann den Stein wieder nach oben rollen und hoffen, dass er eine Weile oben liegenbleibt, ehe sie ihn, wenn es in einer Saison mal wieder nicht gereicht hat, von der anderen Seite wieder hochrollen.

An die ganzen Emporkömmlinge, die Uerdingens, Ingolstadts und Leipzigs, denkt Saier dabei nicht so gern. Aber dass es sie gibt, ist fest einberechnet in die Freiburger Zukunftsszenarien. Genau wie die Tatsache, dass es immer schwerer wird, substanziell in den Kader zu investieren. „Die Spieler, die wir früher mal für ein, zwei Millionen geholt haben, kosten heute sechs, sieben. An diese Kategorie können wir aber nur dann rangehen, wenn wir davon überzeugt sind, dass derjenige uns in der Bundesliga wirklich entscheidend weiterhelfen kann und nach Möglichkeit sofort einschlägt", sagt Saier. „Die Spieler, die vor ein paar Jahren noch sechs Millionen Euro gekostet haben, gehen heute für 30, 40 Millionen nach England. Das galoppiert zu schnell." Saier stellt das fest, doch im Gegensatz zu Streich und Hartenbach, denen man immer wieder anmerkt, wie obszön sie die Kommerzialisierung finden, kritisiert er sie eher nüchtern. Alles andere käme ihm wohl auch „populistisch" vor – und das will er nun wirklich als allerletztes sein –, weil er und sein Verein ja eben auch Profiteure der Entwicklung sind und sich bei Zweit- oder Drittligisten dank der höheren Wirtschaftskraft genauso bedienen wie es die Bundesligagrößen beim SC tun. Ein Fußballromantiker ist Saier nicht, doch ihn stört, dass der sportliche Wettbewerb, den die Bundesliga Jahr für Jahr ausruft, längst keiner mehr ist, bei dem auch nur annähernd faire Bedingungen herrschen. Dass der SC trotzdem immer wieder den Klassenerhalt schafft, motiviert ihn deshalb umso mehr, es ein weiteres Mal zu probieren. Der Klassenerhalt des Underdogs ist ja nicht nur in Saiers Lesart eine echte Trotzreaktion gegen so vieles, was im Fußball schiefläuft.

Wer Saier dieser Tage zuhört, merkt, dass er die künftigen Aufgaben beim Sport-Club mindestens so spannend findet wie die zurückliegenden. Denn wie Streich sieht er beim gegenwärtigen Kader (wieder) eher die Potenziale als die Grenzen: „Diese Mannschaft tut jeden Tag alles, um so erfolgreich wie möglich zu sein, vom Zusatztraining bis zur richtigen Ernährung." Und das ewige Basteln und Austarieren, das an der Schwarzwaldstraße zum Alltag gehört, das macht ihm ohnehin nach wie vor Spaß. Ein auf Erfahrung gestütztes Bauchgefühl wird es dann wohl auch irgendwann sein, wenn es gilt, eine der drei wichtigen Stellen im sportlichen Bereich neu zu besetzen. Weil entweder Streich, Saier oder Hartenbach den Verein verlassen wollen. „Man kann schon davon ausgehen, dass jeder von uns in den letzten Jahren die Möglichkeit gehabt hätte, woanders hinzugehen", sagt Saier. „Klar ist, dass die jeweils anderen beiden das dann auch wussten, weil wir da ganz offen miteinander umgehen. Und klar ist: Wenn einer etwas anderes hätte machen wollen, hätte er es getan. Aber Stand jetzt sind wir alle drei ja noch hier."

Alles abgearbeitet

Kaum ein Fußballspieler hat über die Jahre so viele Opfer gebracht, um Profi zu werden, wie Christian Günter. Die Geschichte des heimatverbundenen Schwarzwälders wirft ein Schlaglicht auf die Nachwuchsarbeit beim SC.

Der heutige Nationalspieler Julian Draxler war 17 Jahre alt, als ein paar Erwachsene über seine Zukunft debattierten. Matthias Sammer fand es keine gute Idee, dass der talentierte Jungprofi kurz vorm Abitur beschlossen hatte, die Schule zu verlassen: „Ich finde es extrem schade, dass er die Schule abgebrochen hat", sagte der damalige DFB-Sportdirektor. „Denn eine Karriere kann morgen wegen einer Verletzung vorbei sein." Die Gegenposition nahm Draxlers damaliger Schalker Vereinstrainer Felix Magath ein: „Julian braucht kein Abitur. Ich konnte seine Eltern überzeugen, dass er die nächsten 20 Jahre in Topligen spielen wird." Eine gewagte Prognose, schließlich lassen sich Kreuzbänder und Menisken nur selten durch gutes Zureden alternder Trainer davon abhalten, zu reißen.

Magath war dann bald darauf Geschichte auf Schalke, und Draxler, der auf Anraten des Coaches das Gymnasium in seinem Heimatort Gladbeck verlassen hatte, bekam doch noch sein Abitur: an der Gesamtschule Berger Feld, der Kooperationsschule im Schatten der Gelsenkirchener Arena, in der auch schon Manuel Neuer die Hochschulreife erlangt hatte. Letztlich hat die Diskussion vom Januar 2011 Draxler also weniger geschadet als Magath. Denn der gilt seither nicht mehr nur wegen seiner Trainingsmethoden als hoffnungsloser Oldschool-Trainer.

Was das alles mit Christian Günter zu tun hat? Nun, der Freiburger Linksverteidiger ist gerade einmal sieben Monate älter als Draxler. Doch er hatte das Glück, dass er in seiner Schulzeit weitsichtigere Berater hatte als der Kollege aus dem Ruhrpott. Und Eltern, die offenbar weniger leicht zu beeinflussen waren als die Draxlers: „Vollkommen undenkbar, dass jemand beim SC mir so einen Rat gegeben hätte, wie ihn Julian damals bekommen hat", sagt Günter. „Ich muss aber dazu sagen: Das hätten meine Eltern eh nicht mitgemacht." Für ihn sei schon als Kind klargewesen, dass er das große Ziel von der Fußballkarriere nur angehen könne, wenn die Schule nicht darunter leiden würde. Der Sport durfte einen vernünftigen Abschluss nicht gefährden. Günter schüttelt jedenfalls sehr energisch den Kopf, als das Thema auf Felix Magath kommt: „Das war wirklich völlig daneben. Es ist ja klar, dass du als junger Mensch erst mal denkst, dass es Schlimmeres gibt, als die Schule sausen zu lassen. Aber umso wichtiger ist es doch, dass Eltern und Trainer ein bisschen weiterdenken." Man müsse sich nur mal vorstellen, der Traum vom Profi erfüllt sich nicht, so dass man als Mittzwanziger noch mal einen Schulabschluss nachmachen muss, um überhaupt einen Beruf ergreifen zu können. „Da bin ich froh, dass ich in Freiburg gelandet bin, weil hier auf so etwas geachtet wird. Es zeichnet den Verein aus, dass er das Geschehen neben dem Platz im Blick hat."

Hausaufgaben um 22 Uhr

Günter ist neben dem Duisburger Spieler Tim Albutat der Einzige aus seinem Jahrgang der Freiburger Fußballschule, der heute vom Fußball lebt. Alle anderen haben den Sprung in den Profibereich nicht geschafft – und das, obwohl sie alle zur Jahrgangselite in Südbaden gehörten. Aber einen Schulabschluss haben sie parallel zu ihrer Zeit in der Fußballschule alle gemacht. Das zeigt zweierlei. Erstens: wie viel Talent und wie viel Glück man braucht, um Profi zu werden. Und zweitens: dass es keine blöde Idee ist, einen Plan B für den alles andere als unwahrscheinlichen Fall in der Hand zu haben, dass man nicht zu den Draxlers und Günters gehört, die als Profifußballer gutes Geld verdienen.

Wobei bei Christian Günter neben der sprichwörtlichen auch die ganz konkrete Bodenhaftung dafür sorgte, dass er bis zum 18. Lebensjahr einen Tagesablauf hatte, der andere Jugendliche in den Wahnsinn oder zumindest in die totale Erschöpfung getrieben hätte. Günter pendelte auch deshalb täglich von Tennenbronn im tiefsten Schwarzwald nach Freiburg, weil er von zu Hause nicht wegwollte. Erst mit 18 zog er endgültig nach Freiburg.

Zu diesem Zeitpunkt lagen über 1.000 Fahrten hinter ihm und seiner Familie – einfacher Weg, wohlgemerkt. Günter spielte schon als D-Jugendlicher so gut Fußball, dass er zunächst für die Schwarzwald-Auswahl nominiert wurde, schnell folgte die südbadische Auswahl. „Von 18 Jungs im Kader waren nur drei bis vier nicht beim Sport-Club", erinnert sich Günter, der nach ein paar Gesprächen zwischen Klemens Hartenbach und seinem Vater sowie drei Probetrainings im zweiten C-Jugend-Jahr dann ebenfalls zum SC wechselte. „Es hätte schon die Möglichkeit gegeben, in eine Gastfamilie zu gehen, aber das wollte ich nicht. Ich habe mich noch zu jung gefühlt, um Freunde und Familie komplett zurückzulassen."

Die Pendelei begann, mal fuhr Vater Eckhard, mal Mutter Andrea, hin und wieder auch der Opa – und das fünf Jahre lang, bis zu sechsmal in der Woche. Später nahm er dann zuweilen den Zug bis Offenburg, wo ihn der SC-Fahrdienst einsammelte und in die Fußballschule mitnahm. Wenn er dann völlig ausgelaugt um 22 Uhr zu Hause war, musste er noch Hausaufgaben machen. Eine Kindheit mit vielen Entbehrungen – und eine, in der man früh Dinge lernt, die manchen Erwachsenen noch schwerfallen. Zum Beispiel, effizient zu lernen. „Ich musste im Unterricht einfach gut aufpassen, ich hatte ja auch gar keine andere Wahl", erinnert sich Günter. „Schließlich konnte ich mir nicht leisten, viel Quatsch zu machen, weil es ja reichen musste, mir den Lernstoff vor einer Arbeit noch einmal durchzulesen, damit es sitzt. Das war schon alles relativ straight."

Und es gab eben diesen einen entscheidenden Unterschied zu Schalke und Felix Magath: In der Freiburger Fußballschule mussten die Jugendlichen ihre Zeugnisse immer vorlegen, im Zweifelsfall hatte die Schule Priorität. „Es ist schon passiert, dass Kollegen nicht ins Training kommen durften, weil sie lernen mussten, um den Anschluss nicht zu verpassen."

„Der Christian ist ja fast eh nie da"

Bevor Günter in der A-Jugend dann doch nach Freiburg zog, schloss er noch seine Ausbildung zum Industriemechaniker ab – ein Umstand, den Trainer Christian Streich immer wieder lobend hervorhebt. Denn dass Spieler parallel zu ihrer Fußballkarriere nach dem Schulabschluss auch noch eine Berufsausbildung machen, ist auch in Freiburg nicht die Regel. Bei seinem Ausbildungsbetrieb durfte Günter auch mal unbezahlten Urlaub nehmen und Überstunden aufbauen, die er nutzen konnte, wenn mal wieder ein Auswärtsspiel mit Übernachtung anstand. Kurzum: ein Tag im Leben des 17-jährigen Christian Günter hätte besser ein paar Stunden mehr gehabt als die mageren 24, die die Uhr in der Regel anzeigt. Zumal er – selbstverständlich – zu Hause auch Fußball spielte, mit dem Vater Flanken, Kopfbälle oder Abschlüsse übte, um sich weiter zu verbessern. Und, kaum zu glauben, so eine Art Privatleben hatte Günter auch. Und zwar mittwochs: „Da war in Freiburg trainingsfrei. Und immer, wenn ich dann zu Hause war, haben wir im Freundeskreis etwas zusammen gemacht. Die haben sich da komplett nach mir gerichtet, was mich heute noch wahnsinnig freut. Sie hätten ja auch sagen können: ‚Der Christian ist ja eh fast nie da, soll der sein Ding alleine machen.'"

Günters Freundeskreis ist immer noch der gleiche wie in diesen Tagen, und der Fußball hat immer noch den größten Stellenwert in ihrem Leben. Es sei aber nicht so, betont Günter, dass bei den Treffen in der Heimat nur über den Sport-Club und die große weite Fußballwelt gesprochen werde. Oft schaue er sich auch die Spiele der Kollegen an, die fast alle noch Fußball spielen, allerdings ein paar Klassen unter der Bundesliga. „Zu Hause bin ich der Christian, nicht der Profi. Ich bin der, der ich bin und immer schon war."

Wer Günter zuhört, merkt, dass es nicht nur so dahingesagt ist, wenn er betont, wie wichtig ihm seine Freunde sind. Und er versteht, dass es für ihn wohl tatsächlich undenkbar gewesen wäre, als junger Teenager in eine Gastfamilie irgendwo in Freiburg zu ziehen. „Ich sehe das kritisch, wenn Leute in der C-Jugend von hier nach Leipzig ins Internat wechseln. Das ist mit 18 dann doch sinnvoller. Man zahlt schließlich einen hohen Preis, wenn man als Zwölfjähriger aus seiner Familie rausgerissen wird."

Günter war, auch nach eigener Einschätzung, kein begnadeter Fußballer, als er den Weg Richtung Profikarriere einschlug. „Ich hatte aber schon damals eine gewisse Dynamik, die im Profifußball heute extrem wichtig ist, alles andere konnte ich mir erarbeiten." Christian Streich, sein langjähriger Jugend- und heutiger Profitrainer, habe in seinem Spiel immer das Potenzial gesehen, nicht die Defizite. „‚Wille schlägt Talent', heißt es ja oft. Vielleicht ist da etwas dran. Klar ist jedenfalls, dass es der Trainer honoriert, wenn man an sich arbeitet." Zumindest hat Streich für solche Spieler eine Wendung parat. Die haben dann „alles abgearbeitet".

Und so übte Günter weiter Flanken und Freistöße und stemmte Gewichte, um robuster zu werden, bis er im Zweikampf nicht mehr ohne größere Mühe beiseite geschoben werden konnte. Das war in seinen ersten Monaten als Profi noch anders gewesen. „Ich erinnere mich noch an Garra Dembélé, das war ein Pferd, eine Maschine. Wenn ich gegen den gerannt bin, ist bei dem anfangs nicht viel passiert." Vier Monate und unzählige Stunden im Kraftraum später ist dann doch etwas passiert: Günter, der heute zu den robustesten SC-Profis gehört, gewann die ersten Zweikämpfe gegen Dembélé. „Ich arbeite heute noch jeden Tag an meinen Defiziten und bleibe nach dem Training auch mal länger. Wenn man den Willen nicht mehr hat, muss man nachdenken, ob Profifußball noch das Richtige ist."

The real one

Menschen, die Christian Streich skeptisch sehen, unterstellen ihm, er stilisiere sich zum politisierenden Fußballintellektuellen. Nichts könnte falscher sein. Selbst wenn er das wollte, er könnte es nicht. Streich ist ein Mensch, der nicht aus seiner Haut kann. Und das nicht nur, wenn es um politische Themen geht.

Ende Februar 2019 wurde offiziell verkündet, was die Spatzen schon lange von den Dächern gepfiffen hatten: Christian Streich hat seinen Vertrag verlängert – wie sein gesamtes Trainerteam. Dieser Nachsatz ist in diesem Fall mehr als eine Höflichkeitsfloskel zu Ehren von Lars Voßler, Patrick Baier, Florian Bruns, Daniel Wolf und Andreas Kronenberg. Denn zumindest einer von ihnen hatte gezögert, ob er das Angebot eines deutschen Topvereins annehmen und Freiburg den Rücken kehren solle. Man mag es kaum glauben, aber ob Streich dann verlängert hätte, ist fraglich. Kein Wunder also, dass er bei der Pressekonferenz vor dem Auswärtsspiel in Leverkusen als Erstes hervorhob, es sei „das Allerschönste, dass alle die Verträge verlängert haben. Damit war nicht unbedingt zu rechnen."

Für sich selbst begründete er die Vertragsverlängerung darüber hinaus mit den Segnungen des Standorts Freiburg, also der Lebensqualität als Privatmensch und als Fußballlehrer. Damit ist auch der Umstand gemeint, dass sich unter den 24.012 Menschen, die Vorstand, Präsidium, Aufsichtsrat und ausverkauftes Stadion ausmachen, allenfalls ein paar Dutzend befinden dürften, die nach einer derben Niederlagenserie die Frage aufwerfen, ob da nicht vielleicht mal ein Trainerwechsel angezeigt sein könnte. „Ich fühle mich extrem unterstützt, nicht nur von den Leuten, die darüber entscheiden, sondern auch von den Fans", sagt er. „Wo gibt es das, dass du den Eindruck hast, die Leute spüren es, dass die Mannschaft gerade jetzt Unterstützung braucht? Dass du so in Interaktion treten kannst mit dem Publikum und du das Gefühl hast, du wirst verstanden?"

Dass das nicht einfach so dahingesagt ist, kann jeder bestätigen, der sich schon mal ein umkämpftes Freiburger Heimspiel angeschaut hat. Es genügen – ohne jede Übertreibung – zwei pöbelnde oder pfeifende Haupttribünenbesucher, und Streich kann völlig aus der Haut fahren. Er dreht sich dann vom Spielfeld weg und schreit wild gestikulierend oder die Scheibenwischer-Geste vollführend Richtung Tribüne. Man darf ihm also durchaus glauben, dass er es nur schwer ertragen könnte, an einem Standort zu arbeiten, an dem jeder Fehlpass von Unmutsäußerungen begleitet wird. „Freiburg ist so aufgestellt, dass nicht sofort die Pfeile aus jeder Ecke fliegen, wenn du dreimal verloren hast", sagt er dann auch dem SWR. „Ich bin kein Trainer, der das aushalten würde."

Ein privilegiertes Leben

Menschen, die Freiburg nur aus der Ferne kennen, dürften es befremdlich finden, dass ein Trainer, der bei einigen Topvereinen im In- und Ausland auf dem Zettel stand, seine Vertragsverlängerung mit so vielen Lobesworten gegenüber dem eigenen Verein untermalt. Der Verdacht, dass da jemand kokettiert, liegt nahe, trifft aber nicht den Kern. Streich hat auf dem zweiten Bildungsweg Abitur gemacht und erst ein Studium angefangen, als ihm Freunde die Zweifel nahmen. „Ich fand es toll, dass ich neben Sport auch Geschichte und Deutsch studieren konnte", hat er einmal gesagt. „Das war für mich dann ein Privileg." Als Privileg empfindet er es in seinem tiefsten Inneren auch heute noch, Bundesligatrainer zu sein. Genauso wie er es als Privileg empfindet, dass ein kleiner Verein wie der SC Freiburg Bundesliga spielt. Letzteres betont Streich oft. Vielleicht zu oft. Doch in Streich steckt eben immer noch der Junge vom Land, der sich schon bei seiner ersten Station als Spieler beim damaligen Zweitligisten Freiburger FC kneifen musste, um zu verstehen, dass er tatsächlich „bei einem so großen Verein" gelandet war.

Der Begriff der „Demut" wird im Fußball leider inflationär gebraucht. Zu 99 Prozent meinen Trainer und Spieler, wenn sie davon sprechen, schlicht „Bescheidenheit". Für die Grundeinstellung im Leben von Christian Streich würde der Begriff hingegen bestens passen, wenn er nicht auch religiös aufgeladen wäre. Sonderlich gläubig ist Streich nämlich nicht. Doch wenn er darüber spricht, wie vollendet ein bestimmter Schreiner seine Möbel fertigt oder was ihm ein bestimmtes Buch bedeutet, dann kommt die tiefe Bescheidenheit eines Menschen durch, der wie alle klugen Menschen weiß, dass er nichts weiß. Das mag die Tatsache erklären, dass er andere Menschen, nicht zuletzt seine Spieler, mit sehr feinen Antennen beobachten und beschreiben kann.

Wenn man Streich bei Veranstaltungen sieht, bei denen er nicht durch Absperrungen von Fans oder Passanten abgeschirmt wird – zum Beispiel bei Testspielen oder öffentlichen Trainingseinheiten –, macht man Beobachtungen, die auf den ersten Blick widersprüchlich scheinen. Streich ist niemand, der an Umarmungen oder Kumpelhaftigkeiten wie Schulterklopfen, Abklatschen oder High Five Freude hat. Sein Körper scheint sich in solchen Momenten regelrecht zu verspannen. Doch wenn ein Fan ihm alles Gute für die anstehende Spielzeit wünscht und es dabei einen Blickkontakt gibt, kann es passieren, dass Streich innehält und „Danke" sagt. Meist kommt ihm das dann zu knapp vor. Dann schiebt er den gleichen Satz nach, den er auch sagt, wenn der gegnerische Trainer bei der Pressekonferenz zum Sieg gratuliert: „Das ist sehr nett."

Genießen kann der Mann allerdings durchaus. Er ist ein ernsthafter Wein- und Literaturkenner, kocht gerne und verfügt über einen Musikgeschmack, der diesen Namen verdient. Dass er zu der gar nicht mal so kleinen Fraktion der Bundesligatrainer gehört, die sich nach dem Spiel erst mal eine Zigarette zum Runterkommen gönnen, verwundert da nicht. Es ist also nicht so, als ob sein Leben nur aus Arbeit bestünde. Aber ein Malocher, das ist Streich schon. Glaubt man dem Mann, der ihn 1983 zum FFC geholt hat, war Streich schon immer fleißig und interessiert. Als Student und Spieler sei Streich gleichermaßen neugierig gewesen, sagt Lutz Hangartner. „Er war wissbegierig, er hat alles aufgenommen, so wie er das heute auch noch tut", berichtete der heutige Chef des Bundes der Deutschen Fußball-Lehrer dem *Kicker:* „Wenn ich ihn nachts angerufen hätte und gesagt hätte, um vier ist Training, wäre er vermutlich der Einzige gewesen, der gekommen wäre."

Wohlfühloase? Ja und nein
Als Trainer arbeitet Streich so, wie er früher als Spieler trainiert hat. Mit einem Ernst, der an Besessenheit grenzt. Anders geht es nicht. Zu groß wäre die Sorge, von den Prozenten, die er selbst zum Erfolg der Mannschaft beitragen kann, wertvolle Zehntel zu verschwenden. Oder noch wichtiger: den Spielern, die er besser machen will, nicht gerecht zu werden. In der Konsequenz läuft beides auf das Gleiche hinaus: Die Wurstigkeit mancher Kollegen, die erst eine Stunde vor Trainingsbeginn im Büro sind und kurz nach den Spielern wieder gehen, ist ihm genauso fremd wie die ebenfalls branchenübliche Unterlassungssünde, nicht über die Spiele der eigenen Nachwuchsmannschaften im Bilde zu sein. Ein Sonntagabend, an dem Streich nicht weiß, wie die eigenen U17-, U19- und U21-Teams gespielt haben, ist undenkbar, auch wenn er nicht mehr – wie noch vor ein paar Jahren – jede Partie im Stadion anschaut. So zu arbeiten, ist in seinem Naturell angelegt, so ist er erzogen und sozialisiert worden.

„Ich habe mich als Jugendlicher jetzt nicht jeden Tag totgearbeitet. Ich bin auch mit dem Fahrrad zum Fußballspielen weggefahren", berichtet er „Aber ich habe natürlich im Alltag meiner Eltern gesehen, wie viel sie gearbeitet haben, man war also immer umgeben von Arbeit. Auch wenn meine Mutter in ihrem Leben viele hundert oder tausend Bücher gelesen hat." Und so, wie es heute beim Sport-Club keine Instanz gibt, die über die Arbeitszeiten wacht, niemanden, der im Trainerzimmer mal fragt, ob die Herren nicht auch ein Zuhause hätten, so war es früher auch in der elterlichen Metzgerei. „Auch früher hat mal jemand abends um sieben noch geläutet, weil er etwas vergessen hatte. Den hat man natürlich noch mal bedient, weil man ihn ja kannte." Die Frage, ob nicht viele, die beim SC Freiburg arbeiten – von den Vorständen über die Mitarbeiter der Geschäftsstelle und der Fußballschule bis zum Busfahrer, der nebenher noch als (übrigens überaus kompetenter) Umweltbeauftragter fungiert – aus einer Art Überidentifikation mit dem Arbeitgeber Raubbau an ihrer Gesundheit betreiben, lässt er lange unbeantwortet. „Es wird hier sehr selbstständig gearbeitet, und das führt meistens dazu, dass die Leute eher mehr als weniger arbeiten", sagt er dann. „Die meisten Menschen wollen ja etwas nachweisen. Da geht es natürlich darum, auch Distanz zu schaffen und sich immer wieder zu sagen, dass es ein Arbeitsplatz ist und es auch noch etwas anderes gibt. Da muss man selbst drauf achten, es gibt keinen, der sagt: Geh jetzt nach Hause."

Also bleibt Streich bis zum Umzug ins neue Stadion in seinem überaus bescheidenen Arbeitszimmer neben der Haupttribüne. Ein Tisch, drei Stühle, ein kleiner Schrank. Um dem Gast einen Kaffee zu holen, muss der Trainer nach nebenan, wo sich die Co-Trainer auch nicht gerade viele Kubikmeter Luft teilen. Hier steht auch die Kaffeemaschine, die Streich nicht ganz so wichtig ist wie das Fenster in seinem eigenen Kabuff. Streich ist Raucher. Dass das hier der Arbeitsplatz eines Bundesliga-Trainerteams ist, kann man sich als Außenstehender kaum vorstellen. Bis man in die Interviewzone des Stadions kommt, die die DFL merkwürdigerweise Jahr für Jahr nicht als Verstoß gegen die Lizenzierungsbedingungen wertet.

Andererseits kann man sich Streich an einem Arbeitsplatz ohne verbindliche Beziehungen zu Kollegen und Spielern nicht vorstellen. Jemand, der mit so viel Herzblut nicht nur für seinen Verein und für die Menschen, für die er sich verantwortlich fühlt, arbeitet, steht aber zwangsläufig unter enormem Druck. Streich widerspricht vehement, wenn ihm unterstellt wird, dass er nur als Trainer in Freiburg vorstellbar ist. Aber es ist gewiss kein Zufall, dass er noch nie woanders gearbeitet hat und bisher sämtliche dahingehende Angebote ausgeschlagen hat. Selbst solche, bei denen die Konstellation günstig gewesen wäre, weil er seinen Trainerstab hätte mitnehmen können, das mediale Umfeld unaufgeregt gewesen wäre und er mit dem dortigen Sportdirektor dauerhaft vertrauensvoll zusammenarbeiten gekonnt hätte. Streich, der mit Lebensgefährtin und Sohn in einem Villenviertel in Düsseldorf, München oder Hamburg wohnt und über eine Stunde braucht, bis er so etwas wie einen Wald sieht, durch den er mit dem Fahrrad fahren kann? Umgeben von Menschen, denen er erklären muss, was er meint, wenn er sagt, die Menschen hätten viel „Stutz" gezahlt („Geld"), um sich das Spiel anzuschauen? Endlose Maisfelder vor grauen Horizonten statt Schwarzwaldkulisse? Undenkbar.

Zuweilen hört man die Einschätzung, dass Streich es sich in seiner „Wohlfühloase" Freiburg gemütlich mache. Doch weder verfügt er über die tiefenentspannte Dickfelligkeit von Jogi Löw, noch betreut er lediglich alle paar Wochen eine Nationalmannschaft. Streich ist von morgens bis abends auf dem Trainingsplatz oder im engen Trainerzimmer hinter der Südtribüne, das seit jeher eines der Gravitationszentren des Vereins ist. Mit Wellness hat das nicht viel zu tun. Vor seinem Amtsantritt im Dezember 2011 hat Streich es nicht anders praktiziert, nur dass sein Arbeitsplatz als A-Jugendtrainer damals einige hundert Meter westlich, in der Fußballschule, lag.

Eine wechselvolle Beziehung: Streich und Finke

Streichs Verhältnis zum langjährigen Cheftrainer Volker Finke war gegen Ende von Finkes Amtszeit kompliziert, und das, obwohl die beiden sich in ihrer Grundauffassung von Fußball kaum unterscheiden und Streich fachlich viel vom damals unangreifbaren Cheftrainer gelernt hat. Doch Empathie war nicht immer die größte Stärke von Finke, und es gab Zeiten, da brauchte man auch Empathie, um Streich nahe zu sein.

Seit einigen Jahren haben die beiden ihren Frieden geschlossen, bei öffentlichen Anlässen unterhalten sie sich längst einigermaßen unverkrampft. Auch Finke hat seit 2015 in einigen Interviews durchblicken lassen, dass er Streich für eine gute Wahl als Freiburger Chefcoach hält, wenngleich manchmal auf etwas gönnerhafte Art und Weise. In einem *Kicker*-Interview vom März 2018 wird er, nachdem er ausführlich Gelegenheit hatte, seine eigenen Verdienste um den Sport-Club ins rechte Licht zu rücken, auf seinen Nach-Nach-Nachfolger angesprochen und antwortet wie folgt: „Er setzt fort, was wir angefangen haben. Dass er seine Spieler auf Augenhöhe behandelt, freut mich." Der erste Satz ist eine Anmaßung. Der zweite ein vergiftetes Lob, in das SC-Insider vieles hineininterpretieren können. Andererseits hatte Finke die Größe, Streich 2012 persönlich zum Klassenerhalt zu gratulieren. Mittlerweile haben die beiden ein korrektes Verhältnis zueinander.

Beste Freunde werden sie allerdings wohl nicht mehr, dazu sind die beiden Alphatiere in ihrem Wesen zu unterschiedlich. Und das trotz sehr offensichtlicher Parallelen: Da wäre zum Beispiel der Intellekt, der sie von vielen ihrer Berufskollegen unterscheidet, denen man nicht unbedingt zu jeder Tages- und Nachtzeit mit politischen Themen kommen kann – Finke und Streich sind hingegen stets auf dem Laufenden und teilen dieselben Grundüberzeugungen. Zudem können beide ihr Pädagogikstudium nicht verleugnen, das auch den Umgang mit den Spielern prägt. Geht es um talentierte Spieler, die sportlich oder menschlich als schwierig gelten, hört man in der Branche oft den Satz: „Wenn einer den hinkriegt, dann er." Früher war damit Finke gemeint, heute ist es Streich, beide investieren viel Zeit und Energie in Fußballer, die anderorts abgeschrieben würden.

Interessanterweise berichten Spieler, die durchs Raster fallen, dann allerdings von beiden Trainern ebenfalls Ähnliches: Wenn Streich oder Finke zum Schluss gekommen sind, dass es vergebliche Liebesmühe ist, einen Spieler in Richtung erste Elf zu pushen, dann bekommt er das deutlich zu spüren. Meist dadurch, dass er konsequent ignoriert wird. Das ist zum einen ein typischer Trainerreflex in einer nach Effizienzkriterien funktionierenden Branche. Es ist aber auch ein Lehrerreflex: Ein Schüler, der trotz aller Bemühungen nicht lernen will, darf ruhig merken, dass er den Lehrer enttäuscht hat.

Volker Finke und Christian Streich teilen zudem nicht nur auf das Spielfeld bezogen Grundsätzliches. So hat man als Reporter der *Bild* in Freiburg seit 1991 extrem schlechte Karten. Sowohl Finke als auch Streich merkt man schon in dem Moment, in dem der Kollege eine Frage formuliert, an der Mimik an, was sie von der Zeitung halten. Ein hartes Los für diejenigen *Bild*-Reporter, die versuchen, guten Boulevardjournalismus zu betreiben.

Und doch könnten Finke und Streich unterschiedlicher kaum sein. Auf der einen Seite der selbstsichere Norddeutsche Finke, der in seinen letzten Jahren als Chefcoach einem starken Freund-Feind-Denken unterlag und – nachdem er gut zehn Jahre lang segensreich als ebenso innovativer wie offener und neugieriger Coach gewirkt hatte – zunehmend verbissen und selbstgerecht wurde. In den letzten Jahren seiner Amtszeit konnte man sich mit Finke über einzelne Spieler unterhalten oder über den Fortschritt bei Bauabschnitten im Schwarzwaldstadion – stets schwang unüberhörbar mit, dass da ein brillanter Kopf die Provinz wachgeküsst hatte: er selbst. Falsch war das nicht, wenn man sich an Freiburger Heimspiele in der Vor-Finke-Ära erinnert. Aber da das in Freiburg noch heute nicht einmal seine ärgsten

Feinde bestreiten, hätte man es dabei auch öfter mal bewenden lassen können.

Auf der anderen Seite Streich, ein Mann, der sich ebenfalls für eitel hält (und tatsächlich wie Finke als A-Jugend-Coach direkt bei Journalisten intervenierte, wenn er sich im falschen Licht dargestellt wähnte – heute ist er auch da gelassener), der aber noch 2019 unruhig auf dem Stuhl hin- und herrutscht, wenn seine Verdienste erwähnt werden. Wenn Streich sein Trainerteam lobt, kann man das zwar irgendwann nicht mehr hören, doch es ist Ausdruck seiner Geisteshaltung. Wo Streich ist, ist Interaktion. Das gilt für sein Verhältnis zu Spielern, Journalisten oder Mitarbeitern. Streich, der mit einer breiten emotionalen Klaviatur ausgestattet ist, hat sich schon in den 1990er Jahren Niederlagen seiner A-Jugend so sehr zu Herzen genommen wie heute Niederlagen in der Bundesliga – und das war mindestens so gut zu erkennen. Eine 0:2-Niederlage gegen Dortmund, bei der der SC trotzdem ordentlich gespielt hat, geht ihm dabei nicht ganz so nahe wie die anderen. Doch auch nach einer Pleite in der Allianz Arena würde ihm der unsensibelste Mensch der Welt aus fünf Metern ansehen, dass sein Team das Spiel nicht erfolgreich gestaltet hat.

Die Angst bewältigen

Richtig schlimm sind für ihn alle anderen Niederlagen als die gegen die Bayern. Die knappen. Die, bei denen der Schiedsrichter aus seiner Sicht keine positive Rolle gespielt hat. Die, bei denen der Sport-Club mitten im Abstiegskampf steckt und eigentlich jeden Zähler braucht. Das Problem dabei: Solche Niederlagen gibt es für einen Verein wie den SC, der in jedem Sommer wieder das Saisonziel Klassenerhalt ausgibt, ausgesprochen häufig.

Dem *Stern* hat Streich im Sommer 2018 ein bemerkenswertes Interview gegeben, in dem er erstaunlich offen über sein Nervenkostüm spricht und in dem Begriffe wie „Druck" und „Angst" fallen. Auf die Frage, wie lange er nach Niederlagen nicht ansprechbar sei, antwortet er, das dauere „manchmal zwei, manchmal drei Tage, manchmal auch nur einen Tag. (…) Ich will gewinnen. Nach Niederlagen will ich das nächste Spiel besser machen, Fehler korrigieren. Das ist die Verpflichtung, die mich antreibt. Der Druck. Hier schauen uns 24.000 Menschen zu, ich will sie mit Siegen glücklich machen. Wenn wir gewinnen, geht es mir kurzfristig besser. Denn ich habe dann das Gefühl, diese Angst bewältigt zu haben." Das sind Sätze, die eigentlich hätten nachhallen müssen, die aber überregional kaum registriert wurden.

Diese Angst, so Streich, eine allerdings die gesamte Trainerzunft. Und tatsächlich berichten auch einige von Streichs Kollegen, wie zermürbend es sei, von seiner Umwelt gespiegelt zu bekommen, dass die Mannschaft ein paar Spiele nicht gewonnen hat. Sie erzählen vom Raunen der Anhänger am Rande des Trainingsplatzes, von den vorwurfsvoll wirkenden Blicken mancher Journalisten, die sich oft eher als Fans denn als neutrale Beobachter verstehen. Von den Funktionären, die gestern noch aus dem Schulterklopfen nicht mehr rauskamen und heute wie zufällig den Blickkontakt meiden, wenn der Trainer den VIP-Raum betritt. „Die Angst vor der Niederlage" sei „riesengroß", sagt Streich. „Wir alle haben sie, der eine mehr, der andere weniger – man redet nur nicht darüber."

Das Gefühl, das manche Kollegen aus dem VIP-Raum schildern, kennt Streich. Nicht aus dem vergleichsweise volkstümlichen Freiburger VIP-Bereich, in dem die meisten Menschen gar nicht auf die Idee kämen, „ihrem" Trainer auch nur mit Blicken Vorwürfe nach einer Niederlage zu machen. Doch das Gefühl, beobachtet zu werden, exponiert zu sein, das ist omnipräsent: „In welchem Beruf wird man schon bei seiner Arbeit – dem Spiel – ständig gefilmt, ständig beobachtet, wie man sich verhält?", fragt Streich. „Und dann wird man bewertet, beurteilt, verurteilt. Jeder glaubt dir sagen zu können, wie du die Mannschaft hättest richtig aufstellen können."

Ein sensibler Mensch wie Streich kann es dann auch nicht immer ignorieren, wie die Banalitäten des Fußballalltags melodramatisch aufgeladen werden. Wenn eine Niederlage zur „Katastrophe" wird, ein WM-Ausscheiden dafür sorgt, dass der Bundestrainer „zertrümmert" ist, wenn ein 0:1 mal wieder einen „Super-GAU" oder einen „Untergang" darstellt und Streich zu solcherlei Hysterien auch noch Stellung beziehen soll, dann merkt man, wie sich etwas in ihm verkrampft. Streich müsste über all dem stehen. Doch das kann er nicht. Er ist nicht so gestrickt. Und genauso wenig wie die meisten anderen Menschen, die eher emotional sind, kann er nicht aus seiner Haut. Und auch das weiß er besser als alle anderen.

„Und dann mache ich doch weiter"

Als er 2011 gefragt wurde, ob er das Amt des Cheftrainers bei seinem Verein annehmen wolle, ist Streich in sich gegangen und hat genau abgewogen, was dafür und was dagegen spricht. Ob er der Aufgabe fachlich gewachsen wäre, war dabei eher nicht der Punkt, der ihm schlaflose Nächte bereitete. Da ging es um anderes: „Ich habe gewusst, dass es nicht gut aussieht, wenn ich am Spielfeldrand kämpfe, mache und tu, weil ich emotional so sehr nach außen gerichtet bin, manchmal wild wirke, unkontrolliert. Das habe ich gewusst. Das habe ich gewusst. Und hab's trotzdem getan." Seither gibt es Bilder von ihm, auf denen seine Mimik tatsächlich auf beängstigende Art und Weise entgleist. Würde man den Mann nicht kennen, müsste man Angst vor ihm bekommen. Er ist schon häufig darauf angesprochen worden, wie er sich selbst wahrnimmt, wenn er solche Aufnahmen von sich im Fernsehen sieht. Er hat darauf sinngemäß immer das Gleiche gesagt: Er schaut sich diese Bilder nicht an. Er selbst erträgt sie am wenigsten.

Für Streich, das sagt Lutz Hangartner in besagtem Gespräch mit dem *Kicker*, sei das Fußballbusiness eine „Riesenbelastung, weil er den Fußball hier in Freiburg lebt, von daher kann man es verstehen, dass er am Ende einer Saison, vor allem der letzten Saison, auf dem Zahnfleisch gegangen ist." Zu Beginn der Spielzeit 2018/19 fiel Streich für zwei Wochen aus. Unter anderem hatte die Bandscheibe gestreikt. Am Ende des Interviews mit dem *Stern* fällt dann auch eine Formulierung, die nicht unverfänglich ist. Wenn Menschen „verbrennen", liegt die Assoziation des Ausbrennens nicht fern. Das weiß auch Streich, der auf die entsprechende Frage dennoch antwortet: „Ja, natürlich verbrenne ich. Aber wir alle brennen bei diesem Job aus. Vielleicht haut's mich mal von der Bank. Ich weiß nicht, wie lange ich diesen Job noch machen möchte. Und dann mach ich doch weiter. Obwohl es mich enorm viel Kraft kostet, mentale Kraft, körperliche Kraft, psychische Kraft. Wenn ich heimkomme, fehlt mir diese Kraft."

In einem Gespräch für dieses Buch geht er noch mal auf das Hangartner-Lob ein, wonach er früher als einziger FFC-Spieler auch nachts um vier zum Training gekommen wäre. Warum es Streich besonders freut, dass das Lob von Hangartner kommt, erklärt sich fast von selbst. Er hat Hangartner nach einigen sehr autoritären Trainern als empathischen Menschen erlebt und damit als „Glücksfall", wie er sagt. „Das waren damals ganz andere hierarchische Verhältnisse zwischen Trainer und Spieler als heute. Ich hatte das Glück, dass dann Lutz kam, ein sanfter, gebildeter Mensch, der den Fußball liebt." Ja, sagt er dann, noch heute habe er den Anspruch an sich, „voll" zu arbeiten, während der Arbeit alles zu geben. „Aber was ‚voll' ist, hat sich schon verändert mit den Jahren. Es kommt immer darauf an, wie viel Energie bereitsteht. Weil ich schon will, dass man die Jungs besser macht, sonst brauchen sie nicht da zu sein. Das ist deine Verpflichtung. Das kostet viel Energie. Es gibt aber nur ein gewisses Maß an Energie. Das ist anders, wenn du wie Florian Kohfeldt 36 bist, als wenn du 54 bist. Weil ich natürlich auch schon einiges liegengelassen habe an Energie. Vom Typ her bleibt man aber gleich." Vor allem die direkte Auseinandersetzung mit den Spielern gehe an die Substanz. „Da ist Empathie da, der Versuch, sich zu verstehen und kennenzulernen. Da musst du sehr konzentriert sein, und das kostet Energie".

Früher habe er ein halbes Dutzend Einzelgespräche pro Tag führen können, ohne dass ihn das angestrengt habe. Das sei längst nicht mehr so. „Ich mach, so viel wie ich kann. Aber immer kann ich nicht, was ich alles will. Sie brauchen einfach noch mehr Zuwendung. Auf dem Trainingsplatz, aber auch im Gespräch." Wenn er eines Tages merken würde, dass die Energie nicht mehr reicht, würde er aufhören, so Streich. „Die Hälfte an Energie reicht jedenfalls nicht, zu wenig darf es nicht sein."

Beim SC Freiburg vermeiden sie Prognosen, wie lange ihr Coach noch Trainer sein wird. Beim Sport-Club ist es seit jeher üblich, dass keine Vertragslaufzeiten kommuniziert werden. Das gültige Arbeitspapier, das er in jedem Fall erfüllen wird, dürfte ein Einjahresvertrag sein. Ob er danach noch mal verlängert, ist offen. Wer sich bei seinen Weggefährten umhört, destilliert zweierlei heraus. Erstens, dass alle davon überzeugt sind, dass Streich für sich selbst noch kein fixes Ende festgesetzt hat. Und zweitens, dass man wohl eher nicht davon ausgehen kann, dass Streich 2025 noch Freiburger Trainer ist. Weitgehend unbeachtet blieb hingegen ein Satz, den Streich bei der besagten Pressekonferenz eher so nebenbei gesagt hat: „Ich bin mit vollster Überzeugung hiergeblieben und wenn ich nicht hiergeblieben wäre, dann hätte ich auch nicht weitergemacht." Sein letztes Spiel als Freiburger Trainer dürfte also auch sein letztes als Bundesligatrainer sein.

Ehrlich – alles andere wäre unecht

Christian Streich entwickelt nicht nur dann einen enormen Bewegungsdrang auf seinem Stuhl, wenn er mit Lob konfrontiert wird. Das Gleiche passiert, wenn ihm eine Frage gestellt wird, die ihm drei Möglichkeiten lässt: lügen, ausweichen oder die Wahrheit zu sagen. Wobei lügen und ausweichen für ihn fast schon Synonyme sind. Als ihm der Sportchef der *Badischen Zei-*

tung, René Kübler, eine Frage zur taktischen Ausrichtung stellte, antwortete er deshalb erfrischend ehrlich: „Das ist jetzt schade. Ich würde Ihnen gerne eine Antwort geben. Aber dann wissen Sie alles. Und dummes Zeug reden will ich auch nicht." Darauf angesprochen, überlegt Streich lange. „Ich würde nie behaupten, dass ich noch nie gelogen habe, aber ich habe keine Lust, Leuten, die sich die Mühe machen, zu einer Pressekonferenz zu kommen, Mist zu erzählen."

Unter „Mist" würde es bei ihm schon fallen, wenn er über einen Spieler sagen würde, dass er „wahrscheinlich" nicht spielt, um dann nach dessen Einsatz darauf hinweisen zu können, er habe ja nicht gelogen, sondern wohlweislich ein „wahrscheinlich" davorgesetzt. Streich vermeidet Lügen und taktische Unwahrheiten, weil er selbst nicht „angelogen oder diskreditiert werden" will. Und weil er eine Kultur ablehnt, in der es gar keine Trennschärfe zwischen Wahrheit und Lüge mehr gibt. Dass die Mehrzahl der Trump-Wähler zu Protokoll gibt, ganz genau zu wissen, dass ihr Mann ein notorischer Lügner sei, findet Streich unfassbar. Es gebe aber auch eine rationale Erklärung für seine Weigerung, fünfe gerade sein zu lassen. „Wenn du Leute anlügst, holt dich das ein, weil du dir ja deine eigenen Lügen notieren musst, um dich noch dran zu erinnern. Denn dein Gegenüber merkt sicher eher als du selbst, was du sagst, wenn es was Ausgedachtes war. Das ist viel zu anstrengend." Das Bemühen, ehrlich zu sein, führt allerdings zuweilen dazu, dass er in Interviews wortkarg wird, wenn zu viele Themen angesprochen werden, zu denen er nichts sagen will. Während den meisten SC-Fans Streichs Auftritt im *Aktuellen Sportstudio* im Winter 2019 gefallen hat, dürften die meisten Journalisten mit Katrin Müller-Hohenstein mitgefühlt haben. Wenn der Gesprächspartner vier der ersten fünf Fragen in ein, zwei Sätzen (nicht) beantwortet, wird jeder Journalist nervös.

Umso ergiebiger sind die Freiburger Spieltagskonferenzen, die meist deutlich länger dauern, als es in der Branche üblich ist.

Das liegt zum einen daran, dass Streich relativ ausführlich und floskelfrei das jeweils zurückliegende Spiel analysiert. Und zum anderen, dass sich immer mal wieder gesellschaftliche Themen ergeben, zu denen er eine Meinung hat, die er dann auch bereitwillig äußert. Womit wir zwangsläufig bei den beiden *Bild*-Texten wären, die in jüngster Zeit in Freiburg Furore gemacht haben. Der erste, in dem Streich unterstellt wird, er rede in einem bewussten Ablenkungsmanöver über gesellschaftliche Themen („seine Laber-Taktik ist dabei leichter zu durchschauen als die Pläne für den Rasen"), ist nicht weiter erwähnenswert. Der zweite enthält neben einigen, nun ja, originellen Sichtweisen auf die Freiburger Realität auch gerechtfertigte Kritikpunkte am Freiburger Alltag. Dass das Klima auf der Geschäftsstelle oft ruppig ist, ist ebenso Fakt wie die Tatsache, dass der Verein nicht ohne Grund zu denen gehört, deren Angestellte nicht in einem Betriebsrat organisiert sind. Dabei ist die Gründung einer Arbeitnehmervertretung ein demokratisches Grundrecht, das allerdings von Marktradikalen und konservativen Patriarchen gleichermaßen gefürchtet wird. Beide Typen sind auch beim Sport-Club vertreten, dem man nicht gerecht wird, wenn man ihn ausschließlich als politisch korrektes Idyll beschreibt.

Der Trainer ist unangreifbar

Auch die als Vorwurf formulierte Feststellung der *Bild,* Spieler aus der Fußballschule würden von Streich bevorzugt, stimmt in Teilen. Spieler, die Streich von Kindesbeinen an kennt, haben bei ihm definitiv einen Stein im Brett. Bei Pressekonferenzen rutscht ihm bei der Beschreibung der Vorzüge eines Spielers schon mal das Stichwort „Fußballschule" als Zusatzqualifikation heraus. Dass Nicolas Höfler in Freiburg Führungsspieler ist, dass der 29-jährige Jonathan Schmid im Sommer 2019 zurückgeholt wurde, dass Christian Günter erst zum Stammspieler und dann zum Glücksfall für den SC wurde – all das hat tatsächlich damit zu tun, dass den selbst ausgebildeten Spielern vieles nicht mehr beigebracht werden muss, was Neulingen oft einen monatelangen Anpassungsprozess abverlangt.

Dass sie dadurch automatisch zu den Wortführern und zum verlängerten Arm des Trainers würden, ist hingegen Unsinn. Natürlich sind Nicolas Höfler, Christian Günter oder Alexander Schwolow wichtige Spieler in der mannschaftsinternen Statik. Doch die absoluten Führungsspieler – Nils Petersen, Vincenzo Grifo und Mike Frantz – sind ebenso wenig Eigengewächse, wie es in den Jahren zuvor Julian Schuster oder Karim Guédé waren. Dass Spieler aus der B-Elf keine Chance mehr haben, sich zu beweisen, geben die Zahlen ebenfalls nicht her. Aus dem Kader der Saison 2018/19 wurden 28 Spieler eingesetzt. Neben dem durchgehend verletzten Brandon Borrello blieben nur Florian Kath und der dritte Torwart, Constantin Frommann, ohne Einsatz.

Wer sich mit den Spielern des aktuellen Kaders unterhält, bekommt dann auch zu 95 Prozent ein positives bis euphorisches Feedback zum Trainer – und das, obwohl es offenbar schon zutrifft, dass Streich auch mal die Nerven verliert, wenn ihm im Training oder im Spiel etwas massiv missfällt. Es sei „nicht schön, drei Spiele auf die Tribüne zu müssen, weil du einen Fehler gemacht hast", sagt ein ehemaliger Spieler. Doch auch er lobt Streich ansonsten in den höchsten Tönen, er sei „menschlich top und fachlich einer der Besten".

Die meisten Spieler aus dem gegenwärtigen Kader dürften das ähnlich formulieren. Dass in der Freiburger Kabine keine Antistimmung gegen Streich aufkommen könne, hält Nils Petersen jedenfalls für logisch: „Er ist allein deswegen schon unantastbar, weil jeder weiß, dass er immer Erfolg gehabt hat: Er hat Spieler ausgebildet, die jetzt Nationalspieler sind. Als er die Jugend trainiert hat, war Freiburg am erfolgreichsten. Und nach den Spielen merkst du oft, wie gut vorbereitet du ins Spiel gegangen bist. Das alles trägt dazu bei, dass selbst Spieler, die sauer sind, weil sie auf der Tribüne sitzen, sagen: ‚Man kann sagen, was man will, aber er ist halt ein guter Trainer.'" Zudem wüssten unzufriedene Spieler, dass die Führungsspieler hinter dem Trainer stünden. „Dementsprechend schwer ist es, in der Kabine Unruhe zu stiften. Jeder weiß, dass er hier immer am längeren Hebel sitzen wird, auch bei den Fans." Die Frage sei allerdings auch hypothetisch, denn im derzeitigen Kader gebe es schlichtweg nicht die Typen, die den Trainer loswerden wollen.

Zu den Spielern, die Petersen zu denen zählt, mit denen Streich eng zusammenarbeitet, gehört auch Mike Frantz. Der Kapitän schafft es im Interview, einiges über die Arbeit mit dem Trainer zu berichten, ohne dass auch nur einmal der Name „Christian Streich" fallen würde. Wenn er den Kader der Saison 2018/19, der den Klassenerhalt souverän geschafft hat, mit dem aus dem Jahr 2015 vergleicht, der abgestiegen ist, kommt er zu einem überraschenden Ergebnis: „Das damals war meiner Meinung nach der in der Breite beste Kader, seitdem ich hier bin. Allerdings gab es damals viele Spieler, die den Anspruch hatten, immer zu spielen, und die eben nicht das Beste daraus gemacht haben, wenn sie nur eine halbe Stunde spielen durften. Dann hieß es schnell: ‚So eine Scheiße, der Trainer mag den X mehr als mich.'" Als Lehre aus der Abstiegssaison hat Frantz sich bis heute eine gehörige Skepsis gegenüber vermeintlichen Stars oder Toptalenten bewahrt – zumindest, wenn sie für Freiburg interessant werden. „Würden die mit dem Kollektivdenken hier klarkommen? Ich bin da nicht so sicher."

Tatsächlich gehört Frantz – wie Petersen oder im Jahr zuvor Julian Schuster – zu den Spielern, die ihr eigenes Ego hintanstellen. Dass Spieler mit dieser Einstellung bei Streich hoch im Kurs stehen, lässt sich nicht bestreiten. Frantz musste in der Saison 2018/19 ständig die Positionen wechseln und spielte mal auf einer der beiden Außenbahnen und mal im Zentrum. Und das, obwohl er in den Jahren zuvor immer wieder nachgewiesen hatte, dass er enorm torgefährlich ist, wenn er einen kurzen Weg zum Tor hat und mit Tempo attackieren kann. „Ich würde auch lieber vorne stehen bleiben und mit meinem Tempo dann eine geile Aktion machen", sagt Frantz. „Aber damit helfe ich der Mannschaft nicht." Weshalb er dem Trainer auch immer zu verstehen gebe, dass es auf die eigenen Eitelkeiten nicht ankommt: „Ich weiß, dass es nur darum geht, dass wir am Wochenende erfolgreich sind und dass der Trainer sich die bestmöglichen Gedanken macht. Der wird das nicht danach entscheiden, ob er dich mag oder nicht."

Ein echter Musterschülersatz, würde man meinen, wenn Frantz nicht zu eckig und kantig wäre, um als Schleimer erfolgreich zu sein. Darauf angesprochen, ob Spieler wie er, Petersen oder Höfler mit ihrer Einstellung nicht als Lieblingsschüler des Trainers verschrien seien, reagiert Frantz resolut: „Trainerliebling? Ich bin eher der, der am meisten kritisiert wird. Das ist mir aber lieber, als wenn er einen nach jedem Spiel lobt und dich dann irgendwann aussortiert." Auch Günter widerspricht vehement, als er darauf angesprochen wird, ob Streich Lieblingsspieler habe. „Wenn er nur diejenigen aufstellen würde, die er mag, würden wir nie die erste Liga halten. Wenn ich zwei, drei Spiele Mist spiele und nur Tore auf der Hose habe, dann nimmt er mich raus, das steht mal fest!" Alles andere wäre auch unsinnig, meint Günter: „Das würde ja auf ihn zurückfallen, denn dann haben wir keinen Erfolg." Die Zahl der unzufriedenen Spieler sei auch deshalb so gering, weil Streich „auf jeden eingeht. Er ist ehrlich und sagt immer seine Meinung. Es weiß also jeder, woran er ist."

Wer in Freiburg Führungsspieler sein will, hört man bei allen dreien heraus, muss nicht nur bereit sein, sein Ego hintanzustellen. Er muss auch seinen Beitrag dazu leisten, dass das alle verstehen. Wenn ein frustrierter Neuling mit seiner Nichtberücksichtigung hadere, gebe es jedenfalls im derzeitigen Kader immer die gleiche Reaktion, so Frantz: „Einer der Erfahreneren nimmt sich den Kollegen beiseite und sagt: ‚Red nicht so viel, gib Gas.'" Eine Gruppendynamik, wie sie anderorts entsteht, wenn sportliche Erfolge über einen längeren Zeitraum ausbleiben und sich maßgebliche Spieler nicht genug gewürdigt sehen, könne in Freiburg allerdings auch aus anderen Gründen nicht entstehen, meinen Günter, Frantz und Petersen mehr oder weniger wortgleich: „Hier brauchst du als Spieler gar nicht erst versuchen, Stimmung gegen den Trainer zu machen", meint Frantz. „Der bleibt hier einfach, also brauchst du erst gar nicht nach Alibis zu suchen."

„Der Mammon verschlingt alles"

Christian Streich wird oft als typischer Vertreter des grün-alternativen Freiburg beschrieben. Wobei sich die Frage stellt, ob ein Lebensstil, der in der Inselmetropole unter 35- bis 70-Jährigen Mainstream ist, noch „alternativ" genannt werden kann. Tatsächlich ist Streich nicht nur auf den ersten Blick ein sehr typischer Freiburger. Der Mann, der als Student und junger Trainer seine Urlaube mit Rucksack abseits der ausgetretenen Pfade verbrachte und noch heute im Sommer nie in den in der Branche so beliebten Resorts anzutreffen ist, ist weltoffen, unbedingt multikulturell und sehr ökologisch gesinnt – das reicht von der Wahl des T-Shirts bis zum Verkehrsmittel, dem viel zitierten Fahrrad, das er auch dann benutzen würde, wenn er etwas weiter weg vom Stadion wohnte.

Und doch ist Streich kein typischer Vertreter einer in „Green City" (Eigeneinschätzung der Stadt Freiburg) weitverbreiteten Spezies Mensch, die „Refugees welcome" proklamiert, die eigenen Kinder aber wegen des „besseren Lernklimas" (gemeint ist: wegen des geringeren Ausländeranteils) auf eine Privatschule in einem der Stadtteile schickt, wo sich Krankenschwestern und Arbeiter eher keine Eigentumswohnung leisten können. Streich hat ein ausgeprägtes soziales Bewusstsein und ein starkes Gerechtigkeitsgefühl. Die Feststellung, dass Streich „sozial" denkt, ist übrigens nicht ausschließlich darauf bezogen, dass er sich fragt, ob eine Gesellschaft, in der die Vermögen dermaßen ungleich verteilt sind, auf Dauer stabil sein kann. Wenn Streich über die heutigen Ablösesummen im Fußball spricht, hat er also immer die im Hinterkopf, die „nur 800 Euro verdienen", oder „Kinder, die aus finanziellen Gründen nicht ins Schullandheim können".

Ebenfalls deutlich spürbar ist bei ihm der pädagogische Impetus des ehemaligen Lehramtsstudenten, der sich im wörtlichen Sinne auch als Fußballlehrer begreift. Einer mit schwierigem familiärem Hintergrund leistet für ihn bei gleicher Leistung Beachtlicheres als jemand, der mit dem goldenen Löffel geboren wurde. Beides, der pädagogische Ansatz und sein Gerechtigkeitsgefühl, sorgen dafür, dass ihn die Umverteilung von unten nach oben empört. Im Fußball, aber noch mehr da, wo es wirklich wichtig ist: im politischen Leben.

Der „Schwarze Freitag", das haben Generationen von Schülern gelernt, bezeichnet den 25. Oktober 1929, den Tag des Börsencrashs von New York, der als Beginn der Weltwirtschaftskrise gilt. Dass der „Black Friday" heutzutage einen Tag meint, an dem es besonders günstige Angebote gibt, irritiert Streich in höchstem Maße: „Schwarz erinnert eigentlich an ein trauriges Ereignis, an etwas, wo Leute innehalten. Das wird jetzt okkupiert und missbraucht von der Werbeindustrie. Interessant, dass das jetzt auch vor der Sprache nicht haltmacht. Aber es funktioniert."

Ein Jahr zuvor war Streich auf den Rekordtransfer von Neymar angesprochen worden, der für 222 Millionen Euro von Barcelona nach Paris gewechselt war. Nach anfänglichem Zögern („ich sage dazu nichts") zitierte er die Schwester des Juve-Spielers Giorgio Chiellini, die den Weggang des brüderlichen Kollegen Leonardo Bonucci nach Mailand mit den Worten kommentiert hatte: „Alle wollten ihn hier zum Kapitän machen, aber der Gott des Geldes war stärker." Dieses Zitat übernahm er nun: „Der Gott des Geldes, der Mammon, verschlingt alles. Aber erst, wenn alles verschlungen wird, werden es die meisten Leute merken." Geld, beziehungsweise die Gier nach Geld, sei „eine der größten Gefahren für Menschen, das musst du jedes Mal wieder reflektieren." Das gelte auch für ihn, der ja selbst sehr viel Geld bekomme. „In allen großen Büchern steht: Was macht Geld mit den Menschen?" Ihm selbst sei die Summe als solche allerdings gleichgültig: „Mir ist es völlig egal, ob er 220 Millionen oder 440 kostet. Wirklich. Es übersteigt meine Möglichkeiten, das zu bemessen. Ich habe da keinen Zugriff mehr. Wir sind im irrealen Bereich."

Dass er seit der „Mammon"-Aussage immer wieder auf das Thema angesprochen wird, hat Streich natürlich gemerkt. Und man kann es ihm nicht verdenken, dass ihn das vorsichtiger gemacht hat. Zumal die Fragen teilweise auch von Journalisten gestellt werden, denen man anmerkt, dass sie selbst keine innere Haltung zu dem Thema haben und nur auf der Suche nach einer Schlagzeile sind. Am liebsten hätte Streich einen Fußball, in dem es möglichst wenige Klubs gibt, „die einem großen Konsortium oder einer Person gehören. Es soll so viele echte Vereine wie möglich geben. Aber die Entwicklung ist nicht aufzuhalten, es kann sein, dass ich das Zeitliche gesegnet habe, wenn gar keiner mehr dabei ist."

Natürlich wissen sowohl Streich als auch Sportdirektor Hartenbach, dass sie mit ihrem Verein Teil der Maschinerie sind, dass die sich in aberwitzigem Tempo drehende Schraube bei Gehältern und Ablösen auch in Freiburg munter vor sich hindreht. Einstweilen trösten sie sich damit, dass sie die schlimmsten Exzesse nicht mitmachen und dass es nicht der SC war, der die „neokapitalistischen Prozesse, bei denen ganz vieles auf der Strecke bleibt", in Gang gesetzt hat, von denen Streich einmal sprach. „Für mich ist es schwierig, das jetzt zu kritisieren, weil wir ja mit im Glashaus sitzen. Wir sind nicht die Heiligen. Aber wir haben noch nie 15-Jährigen vierstellige Gehälter gezahlt, obwohl wir uns das hätten leisten können. Wir haben probiert, unseren Rahmen zu halten, aber das ging irgendwann nicht mehr. Mittlerweile zahlen wir auch mehr. Alles geht Richtung Geld, Geld, Geld. Es ist eine Orientierung an den amerikanischen Verhältnissen."

„Der Verein gehört den Menschen"

Im Oldschool-Stadion von Darmstadt 98, das beim letzten Aufeinandertreffen mit dem SC im Jahr 2017 noch genauso aussah wie in den 1970er Jahren, fühlte sich Streich extrem wohl. „Und in dem Zusammenhang würde ich auch Mannschaften wie Braunschweig oder Union Berlin nennen. Das ist bunt, ein bisschen anders und ohne die ganz großen Möglichkeiten. Deshalb habe ich Sympathien für die. Wenn Bayern München deutscher Meister wird, erkenne ich das total an, weil du das erst mal schaffen musst, aber natürlich hast du besondere Sympathien für Vereine, die aus wenig viel machen." Die Faszination für ein Setting wie in Darmstadt erklärt Streich wie folgt: „Ja, dort hat es mir gefallen, und es hat vielen gefallen, weil wir alle aus diesem Fußball kommen. Und viele kommen wie ich aus kleinen Dörfern oder kleinen Vereinen in Städten. Die wenigsten sind ja in der Jugend beim BVB oder Bayern groß geworden. Da kommen dann Kindheitserinnerungen hoch."

Das Geschäftsmodell RB Leipzig sieht Streich hingegen skeptisch, auch wenn er das von den handelnden Personen getrennt sehen will und entsetzt war über die handgreiflichen Anfeindungen, denen sich RB-Fans im Februar 2017 in Dortmund ausgesetzt sahen. So gibt es für ihn ein wichtiges Gegenargument, das man all denen entgegenhalten kann, die immer argumentieren, es sei letztlich kein Unterschied, ob Bayern München oder RB Leipzig mit unvorstellbaren Summen herumhantiere. „Es geht im Leistungssport doch darum, dass man über Leistung möglichst viel rausholt. Wenn du dann gut arbeitest, bekommst du mehr Geld – über die Leistung. Das hat Dortmund geschafft oder Bayern München, und das über Jahrzehnte. Wenn du Leistung zeigst, kommen Sponsoren, die mit dir zusammenarbeiten wollen, das ist auch bei uns so, das ist so im Profifußball." Ohne RB Leipzig beim Namen zu nennen, fährt er fort: „Das andere Modell hat diesen Zusammenhang aufgelöst. Das respektiere ich auch, aber ich will nicht, dass irgendwann nur noch solche Vereine in der Liga sind." Zwar findet Streich, dass nicht einzelne Vereine, sondern die Mechanismen, die hinter dem Mammon wirken, das Problem sind. Doch natürlich hat Fußball auch hier eine emotionale Komponente. Aus Freiburg sind jedenfalls bislang noch kein Funktionär und kein Spieler nach Leipzig gewechselt. Angebote soll es durchaus gegeben haben. „Ich sehe mir das alles an, ich beobachte es, und ich muss dann lächeln. Lächeln im Sinne von: ‚Wie kann man nur? Wie weit wollen die noch gehen?' Ich weiß, sie werden das Spiel noch mehr ausquetschen, noch mehr Kohle rausholen. Ich guck da nicht mehr so genau hin, ich lese lieber ein Buch."

Hin und wieder legt er das Buch aber auch beiseite und äußert sich dann doch zu den Themen, die viele Fans und Stadiongänger umtreiben. So wie im Interview mit dem *Kicker* im April 2015, als er ein flammendes Plädoyer gegen den totalen Ausverkauf des Sports hielt: „Es geht darum, das Spiel vor der vollständigen Kommerzialisierung zu schützen, damit das Geld nicht irgendwann – symbolisch gesprochen – über dem Spielfeld liegt und das Spiel und die Menschen, die es lieben, gar nicht mehr erkennbar sind." Dass Investoren und „Leute, die das Spiel nicht lieben", aus nachvollziehbaren Gründen weiterhin in den Fußball drängen werden, ist dem Trainer des SC Freiburg vollkommen bewusst. „Das wird weiter voranschreiten, es sei denn, es gibt sportpolitische Einschränkungen", sagt er. „50+1 finde ich super, Deutschland hat sportpolitisch in den vergangenen 20 Jahren viel richtig gemacht. Deshalb kommen die Fans noch ins Stadion, deshalb gibt es diese Nähe und Konkurrenzsituation." Streich hat ein fundamental anderes Verständnis von der Art und Weise, wie der Fußball organisiert sein sollte: „Ein Verein gehört nicht einem Menschen. Der Verein gehört den Menschen und Mitgliedern, die sich mit ihm identifizieren. Ein Verein ist kein Ort, um möglichst viel abzuschöpfen und zu werben, sondern ein Gemeinschaftsort. Der Mensch lebt nicht vom Brot allein, ohne Gemeinschaft ist er nicht überlebensfähig. Das

Gemeinschaftserlebnis auf dem Fußballplatz steht über der vollständigen Kommerzialisierung." So sieht Streich das, so sehen es seine Freunde. Der Rest ist die Hoffnung, dass sich irgendwann der Zeitgeist wieder dreht: „Hoffentlich geben die Leute den Fußball nicht auf, und du hast 40.000 Zuschauer, von denen 30.000 am Popcorn-Stand stehen. Und ab und zu schauen sie dann mal zum Spielfeld, wenn gerade Elfmeter ist."

Streich hat im Fußball zu viele Menschen „ohne jede Schamgrenze" ausgemacht. Er findet das schlimm für den Fußball, noch schlimmer aber, weil ihr Handeln Folgen für die Persönlichkeitsentwicklung der jungen Menschen hat. „Diese Leute interessiert das dann nicht, ob ein 14-Jähriger mehr verdient als sein Vater. Ich glaube manchmal, das kommt bei denen gar nicht mehr an, weil Geld und das dazugehörige Denken alles überlagert. Das Schlimme ist, dass sie alle, die keinen Erfolg haben, auch in diesem Geist ausbilden, ohne jede soziale Verantwortung und ohne jedes pädagogische Gespür. Aber wenn die mich jetzt hören, lachen die darüber, aber es ist nicht zum Lachen. Sie selbst müssen die Konsequenzen nicht tragen, weil sie in dieser Welt leben. Aber wenn du das gesamtgesellschaftlich siehst, ist diese Form der Entwicklung sehr negativ."

Demokratie und Partizipation verteidigen

Eine Gesellschaft, in der die Söhne fragen, was sie selbst davon haben, wenn sie die Eltern im Altersheim besuchen, ist für Streich eine sehr reale Horrorvision. Genau wie die gesellschaftliche Realität in Italien oder den USA, wo er marktradikale Populisten am Ruder sieht: „Ein Denken, dass Ausgleich und Solidarität dieses Land nach dem Krieg 60, 70 Jahre stark gemacht haben, dass der Starke dem Schwachen etwas abgibt, das wird völlig verantwortungslos gerade über Bord geworfen. Aber nicht nur hier, auch in den USA, der Türkei, Russland. Es geht nicht um links oder rechts, sondern darum, Demokratie und Partizipation gegen die anderen zu verteidigen."

Ein Problem sei, dass heutzutage viele Mächtige glauben, dass sie noch mächtiger werden, wenn sie den Schwächeren noch mehr wegnehmen. „Das ist ein Eigentor, das sie da schießen. Nur: Das muss vorgelebt werden. Da gehört die Politik dazu, aber auch der Fußball. Der muss das ein Stück weit vorleben, sonst wird es an der Basis nicht stattfinden. So wie die Welt ist, so machen wir sie. Die Kinder sind erst mal in Ordnung, wenn sie auf der Welt sind. Dafür, was dann zu ihrer Welt wird, sind diejenigen verantwortlich, die sie in diesem Alter prägen. Wenn man will, dass die Kinder sich nach diesem Modell entwickeln, dann trägt man auch die Verantwortung dafür. Eines ist klar: Wir schaffen die Welt, in der sich die Zwölfjährigen bewegen. Und niemand anders. Wir!"

Womit sich der Kreis zum Fußball schließt, denn die horrenden Honorare, die manche Vereine schon im Jugendbereich zahlen und die den SC ebenfalls dazu gebracht haben, die (vergleichsweise moderaten) Sätze zu erhöhen, die haben eben Auswirkungen auf den Wertekosmos der Kinder. Streich kritisiert die Vertreter des Mainstreams dann auch dementsprechend grundsätzlich: „Da bekommen die zukünftigen Profis schon als Kinder vermittelt, dass sie eine Ware sind. Wenn sie das wollen, kriegen sie ausschließlich materiell erzogene Menschen. Und wenn sie dann mal 75 sind und Hilfe brauchen, sind sie von Menschen umgeben, die sie nicht mehr anschauen, weil sie für die Jüngeren Ausschuss sind. Dabei haben sie die dazu erzogen, dass sie Ausschuss werden."

Dass die Vermögensschere so weit auseinandergehe, sei ihm, dem „Gutverdiener, das ist nicht zu bestreiten", schon allein aus Eigeninteresse nicht egal. „Wenn die soziale Schere noch weiter auseinandergeht – das glaube ich ziemlich genau zu wissen –, dann ist das für jede Gesellschaft ein Desaster, und das Desaster musst du bezahlen. In erster Linie die Armen, aber am Ende auch alle anderen. Wenn die Ungleichheit zu groß wird, sagen die Leute: Jetzt reicht's. Dann gibt es Ausbrüche in verschiedene

Richtungen, und die sind gefährlich." Für Streich, der sich im privaten Gespräch deutlich zum neoliberalen Schwenk der SPD in den Schröder-Jahren äußert, resultiert aus dieser Erkenntnis die Verpflichtung für die Politik, die Marktkräfte in „unserem harten, schnellen Kapitalismus" einzuhegen. Für die Reichen entstehe die Verpflichtung, von ihrem Reichtum etwas abzugeben. Die Aussage von Jürgen Klopp, er werde nie eine Partei wählen, weil sie die Senkung des Spitzensteuersatzes fordere, trifft auf Streich sicher auch zu.

„Wenn wir schon in einer kapitalistischen Gesellschaft leben, was ja in mancher Hinsicht auch Vorteile hat, zumindest leben wir in einer Demokratie, dann müssen die Reichen dafür sorgen, dass die Armen weniger arm sind." Wenn in einer Schulklasse alle Kinder bis auf eines ein Handy haben, dann besorgt es sich eben irgendwo eines – davon ist Streich überzeugt. Das sei dann zwar juristisch Diebstahl, aber eben auch die Folge einer verfehlten Sozialpolitik innerhalb eines von Geld dominierten Systems. „Ich bin davon überzeugt, dass der ganz überwiegende Teil der Menschen arbeiten will und eine Kreativität hat. Eine wirtschaftlich starke Gesellschaft muss da viel tun, auch im Bildungssektor und in allen Bereichen, die mit der Menschenwürde zu tun haben."

Wer das nicht glaube, findet er, möge nur mal den Blick nach Italien wenden. Oder nach Österreich, wo Streich jeden Sommer erlebt, dass im Mannschaftshotel in Schruns/Vorarlberg fast nur zugewandertes Personal im Servicebereich arbeitet und sich parallel eine Stimmung breitmacht, die in genau diesen Angestellten Menschen zweiter Klasse sieht. „Das sind die nettesten Leute, die in der ersten oder zweiten Generation dort leben. Und dann wird gehetzt gegen die Leute, die den Reichen die Toiletten putzen. Was für ein Hohn, dann noch beleidigt und ausgeschlossen zu werden. Das kann man gar nicht fassen." Womit wir bei einer politischen Strömung und einer Partei wären, die Streich so abgrundtief zuwider sind, dass er seine Spieler vor

Wahlen schon aufgefordert hat, teilzunehmen und eine demokratische Partei zu wählen. Die gerade in bürgerlichen Kreisen weitverbreitete Sicht, dass die AfD vor allem von Ostdeutschen, sozial Schwachen und sozial schwachen Ostdeutschen gewählt wird, teilt Streich jedenfalls nicht. Dazu kennt er – im Gegensatz zu vielen anderen Menschen im reichen Freiburger Osten – zu viele Menschen mit geringem Einkommen. Und dazu hat er sich zu intensiv mit der Geschichte des Dritten Reiches befasst: „Dass die Armen dümmer und anfälliger sind, ist ja auch eine Legende. Da braucht man sich nur mal den Sicherheitsdienst im Dritten Reich anschauen, der die ganze Organisation gesteuert hat. Das waren 30- bis 50-jährige Juristen und Wirtschaftsleute, die Karriere machen wollten. Und so wie damals gehen auch heute die rechten Tendenzen quer durch die Gesellschaft."

Der lange Weg zurück zum kurzen Pass

Selten war ein Klischee langlebiger als das von den „Breisgau-Brasilianern". Dabei hat es mit dem real existierenden Freiburger Fußballstil nicht mehr viel zu tun.

Dass in Freiburg „schöner" Fußball gespielt wird, wird seit Jahren immer wieder verbreitet. Das ist insofern kein Wunder, als es zum Gründungsmythos des Bundesligavereins SC Freiburg gehört, dass dort „Breisgau-Brasilianer" am Werke sind. Das Buch *Der lange Weg zum kurzen Pass* von Otto Schnekenburger und Toni Nachbar zeichnet hier vor allem den prägenden Einfluss von Volker Finke anschaulich nach, dessen innovatives Fußballverständnis ja tatsächlich stilbildend für den Freiburger Fußball war.

Auch Streich, in seinen Anfangsjahren als Trainer fachlich gesehen ein hundertprozentiger Finke-Schüler, schätzt seit jeher Fußball, der mit dem Ball am Fuß gespielt wird. Und doch ist in den vergangenen Jahren eine Veränderung eingetreten. Der SC spielt zuweilen einen deutlich anderen Fußball als den, der ihm so oft zugeschrieben wird. Einen variableren, könnte man sagen. Man könnte aber auch sagen: einen weniger schönen.

„Wir waren mit dem auf viel Ballbesitz beruhenden Fußballstil ja lange Jahre sehr erfolgreich", sagt dazu Jochen Saier. „Es war immer Volkers Ansatz, ab und zu etwas Schlaues zu machen. Und die Gegner waren überrascht, damals hatten wir allein schon dadurch einen Vorteil." Allerdings, so Saier, hätten sich die Anforderungen an den modernen Fußball geändert. „Hätten wir den Spielstil nie modifiziert, wären wir heute zu gläsern. Mit einem nur an Ballbesitz orientierten Spielstil musst du zudem schon die individuelle Klasse von Barça haben, sonst bist du nicht erfolgreich. Also musst du flexibler agieren. Zudem hat sich vieles verändert in der Bundesliga, es fallen zum Beispiel mehr Tore durch Standards und Ballverluste als durch Kombinationen. Und: Alle Mannschaften verteidigen mittlerweile richtig gut. Das war vor 20 Jahren auch noch nicht in dem Maße so."

Auf seine Idealvorstellung von Fußball angesprochen, denkt Christian Streich erst mal eine Weile nach. Die Frage ist zugegebenermaßen ein bisschen theoretisch, schließlich hängt die Herangehensweise an ein Spiel ja auch immer von der Personalsituation ab, vom Gegner. Oder vom Tabellenplatz. Und doch gibt es natürlich so etwas wie eine Handschrift, zumindest bei Streich. „Es gibt sicher Trainer, die sagen, wir wollen gar nicht den Ball haben, aber wenn wir ihn haben, dann spielen wir so und so. Wir wollen den Ball haben, mit einem gewissen Risiko, aber nach Möglichkeit nicht mit einem unkalkulierbaren Risiko."

Grundsätzlich mag Streich schon den Fußball, über den manche Beobachter seit Jahrzehnten gerne schreiben, dass der SC ihn praktizieren würde. Mit viel Ballbesitz, mit Ballstafetten, dem Versuch, mit kurzen Pässen statt mit langen Schlägen die Räume zu überwinden. Tatsächlich wurde diese Art von Fußball ja auch schon über längere Phasen gespielt. Und noch heute gibt es – vor allem zu Hause – relativ häufig Spiele, die auch ästhetisch überzeugen.

Ballbesitz ist nicht gleich Dominanz

Und doch spricht es sich allmählich in der Branche herum, dass der in den letzten Jahren für seine Verhältnisse sportlich überaus erfolgreiche Sport-Club zwar fußballerisch oft nicht überzeugte, dafür aber mit ganz anderen Tugenden punktete. „Wir kommen über das Kämpferische und Läuferische. Diese Grundtugenden sind das Wichtigste", hat Manuel Gulde erkannt. Der Innenverteidiger kam im Sommer 2016 vom Karlsruher SC nach Freiburg. Im Wintertrainingslager in Sotogrande, zweieinhalb Jahre nach seinem Vereinswechsel, sagt er, dass er nicht so ganz verstehen kann, warum immer noch so oft geschrieben werde, dass der Sport-Club eher eine spielstarke Mannschaft sei. „Ich bin jetzt seit fast drei Jahren hier, da hatten wir in den meisten Phasen eigentlich immer eher weniger Ballbesitz."

Gulde hat Recht, wie allein schon ein Blick auf die Heimspiele der Saison 2018/19 zeigt. Wohlgemerkt, das sind die Spiele, in denen der SC – wie fast jede andere Mannschaft auch – deutlich aktiver agiert als in den Auswärtsspielen, bei denen die Ballbesitzquote deshalb (noch) niedriger ist. Dennoch gab es überhaupt nur zwei Heimspiele, in denen der Sport-Club mehr Ballbesitz hatte (Frankfurt/52 Prozent, Mainz/58), in allen anderen Spielen (Stuttgart/42, Schalke/42, Leverkusen/43, Gladbach/41, Bremen/47, Leipzig/41, Hannover/47, Hoffenheim/43, Wolfsburg/50, Augsburg/41, Berlin/35) war es der jeweilige Gegner. Dass selbst beim 5:1-Sieg gegen Augsburg, bei dem der Sport-Club optisch so überlegen war, wie das Ergebnis nahelegt, der Gegner häufiger den Ball hatte, illustriert, dass Ballbesitz nicht mit Dominanz verwechselt werden darf.

„Innerlich fühlt es sich für uns alle so an, dass wir für eine gewisse Art von Fußball stehen, der Trainer in extremem Maße", erläutert der langjährige Weggefährte Saier. „Er war ja 16 Jahre Trainer der A-Jugend, und unter ihm stand die genau für das: viel Ballbesitz, spielerische Lösungen, ein dominanter Spielstil, der Innenverteidiger als Spieleröffner. Vieles von dem gab es ja im Jugendbereich damals noch nicht in der Form. Das hat er geprägt, da wurde er aber auch vom Verein und dessen Philosophie geprägt. Aber ganz klar: Diese Parameter hat er in seiner DNA. Und: Den langen Ball zu schlagen und nur auf die zweiten Bälle zu gehen – das alles ist ja nach wie vor nicht unser Spiel."

Auch Nils Petersen stellt zunächst mal „große Unterschiede zwischen unseren Heim- und den Auswärtsspielen" fest, doch ein paar Erkennungsmerkmale hätten sich generell durchgesetzt. „Wir rennen nicht mehr blind vorne an, stellen uns eher an der Mittellinie auf, statt vorne drauf zu gehen." Petersen hält das für die logische Folge der Tatsache, dass das komplette Trainerteam sich immer wieder fortbildet. Außerdem sei es eine Konsequenz aus dem Abstieg 2015, von dem sie beim SC immer noch glauben, er sei vermeidbar gewesen.

Pragmatik statt Ideologie

Je besser der Kader individuell besetzt ist, desto eher lässt Streich ihn spielerisch von der Leine. Seine eigentliche Leistung als Trainer ist es aber vielleicht, so oft auch mit Mannschaften die Klasse gehalten zu haben, die individuell eigentlich zu den zwei, drei schlechtesten Teams des Klassements gezählt haben. Dies gelang aus vielen Gründen, die ein Trainer beeinflussen kann: einer hervorragenden Gegneranalyse, auf die wirklich mal das Modewort „akribisch" passt, seiner Ansprache, seinem psychologischen Gespür. Es gelang aber vor allem, weil Streich den Freiburger Fußball im Vergleich zur Finke-Ära weniger ausrechenbar gemacht hat. Während Finke-Mannschaften gegen hoch motivierte Amateurvereine oder auf schwierigem Geläuf oft Probleme hatten und nicht selten kämpferisch unterlegen waren, stimmt jetzt die Balance.

Das liegt vor allem an einer Facette der Streich'schen Fußballphilosophie, die oft in der öffentlichen Betrachtung unter den Tisch fällt. Sie ist nicht sonderlich glamourös, ist aber der Faktor, der erfolgreiche Trainer von weniger erfolgreichen unterscheidet. Streich ist ein fußballerischer Pragmatiker, also niemand, der die Aussicht auf drei Punkte irgendeiner fußballerischen Ideologie unterordnen würde. Wenn – beispielsweise, weil wichtige Spieler verletzt sind oder der Gegner übermächtig scheint – die Gefahr besteht, bei allzu offensiver Spielweise schrecklich hoch zu verlieren, steht Freiburg tief und verlegt sich auf Konter. Das ist letztlich einfach nur vernünftig. Und trotzdem merkt man Christian Streich nach jedem ertrotzten Remis an, dass er sich am liebsten entschuldigen würde.

Ebenfalls auf den ersten Blick überraschend ist die Tatsache, dass es kleine, technisch starke Spieler per se erst mal schwer haben bei Streich. Robustheit und Zweikampfstärke gehen zunächst vor. So konnte es ein Spieler wie Karim Guédé in Freiburg zu viel Ruhm und Wertschätzung bringen, obwohl selbst seine größten Fürsprecher nicht bestreiten würden, dass er es aufgrund seiner spielerischen Defizite wohl bei keinem anderen Bundesligisten überhaupt nur zu Einsatzzeiten gebracht hätte. Doch die Unermüdlichkeit, mit der er die gegnerischen Abwehrspieler anlief, war Streich wichtiger als die Frage, was er nach der Balleroberung mit dem Spielgerät machte.

Mehr als zwei technisch auffallend limitierte Spieler gibt es allerdings nie in einer Startelf von Streich. Es geht also eindeutig um eine Balance zwischen kämpferischen und spielerischen Tugenden. Nach dem 2:2-Unentschieden beim VfB Stuttgart Mitte Februar 2019 schien der Klassenerhalt in greifbarer Nähe, und immerhin war man auch in Freiburg bereit, sich zumindest gedanklich auf ein weiteres Jahr erste Liga einzustellen.

Und es ist kein Zufall, dass Kapitän Mike Frantz vier Wochen später verriet, dass es eine interne Mannschaftssitzung gab, in der die Spielweise thematisiert wurde. „Back to the roots" sollte es wieder gehen, also zurück zu einer Spielweise, in der der kurze Pass wieder seine Existenzberechtigung bekäme. „Wir hatten eine gute interne Sitzung, in der es um diese Dinge ging: dass wir zu unserem Ursprung zurückkehren, dahin, wofür wir stehen wollen", sagte Frantz. „Also vor allem zum Kurzpass. Dass wir lange Bälle nur als Mittel nehmen, wenn es der Gegner gut macht."

Am Samstag darauf gelang beim Favoriten Schalke 04 ein 0:0. Und vor allem in den folgenden Heimspielen gegen Augsburg

(5:1) und Berlin (2:1), aber auch beim Auswärtsspiel in Mönchengladbach (1:1) war eine spielerische Weiterentwicklung spürbar. Mit einer reifen Herangehensweise, aber eben auch mit einem fußballerischen Ansatz, den Torschütze Vincenzo Grifo knackig zusammenfasste: „Wir haben die Kugel laufen lassen." Man merkte ihm dabei an, wie sehr ihn das gefreut hat. Als die SC-Fans seinen Namen zum Abschied mit der Textzeile „… du bist ein Freiburger" verbanden, ahnten sie nicht, wie recht sie damit hatten. Einer wie Grifo kann heute beim FSV Frankfurt spielen und morgen in Hoffenheim – allein die Tatsache, dass er Siege lieber erspielt als erkämpft, macht ihn zum Freiburger.

Identifikation statt Powerpoint

Klemens Hartenbach ist seit Jahrzehnten beim SC Freiburg und hat ein untrügliches Gespür dafür, was dem Verein guttut. Manchmal macht er sich Sorgen, wie viel von dem, was den Verein ausmacht, in die Zukunft herübergerettet werden kann.

Die Fußballbranche tickt in vielerlei Hinsicht nicht anders als andere Unternehmen. Sie ist männerdominiert, Statussymbole spielen eine dementsprechend große Rolle. Weshalb bei einem durchschnittlichen Bundesligaverein selbstredend der Parkplatz des Sportdirektors am günstigsten gelegen ist und sein Büro sich in Größe und Einrichtung deutlich von dem der anderen Angestellten auf dem gleichen Flur unterscheidet.

Der Schreibtisch des Bundesliga-Topmanagers Klemens Hartenbach sieht hingegen nicht anders aus als der eines Freiburger Schülers, der sich jetzt im Mai 2019 gerade aufs Abitur vorbereitet. Grob geschätzte 14,4 Quadratmeter Fläche hat sein Büro, es gibt viel Papier und das Fluidum, das ein Raum ausstrahlt, in dem gearbeitet wird. Wie im Raum nebenan, in dem frühmorgens bereits Vincent Keller und Babacar Wane sitzen und der ebenfalls rein funktional ist. Ein schmuckloser Holztisch. Keine Bilder oder Kunstdrucke, die in Erinnerung bleiben würden. Pflanzen? Auch eher nicht.

Um Repräsentation geht es hier aber auch nicht. Hier wird einfach nur gearbeitet – und zwar von morgens bis abends.

Auch Keller und Wane wirken zu einer Uhrzeit, zu der anderswo noch längst kein Dienstbeginn wäre, beim Blick in ihre Computer so konzentriert, dass man sich nicht erlauben würde, jetzt einen Smalltalk anzufangen. Ein freundliches, leicht zerstreutes Lächeln und ein Handschlag sind trotzdem drin.

Klemens Hartenbach hat an seinem Rechner auch schon ein halbes Dutzend Fenster geöffnet, als er sich für das Interview setzt. Wohlgemerkt, es ist noch nicht einmal halb neun. In ein paar Stunden wird er aus der Tür gehen, einmal um den Fanshop herum und die Treppen herunter, kurz im Trainerzimmer vorbeischauen und sich dann mit Jochen Saier in der Geschäftsstelle kurzschalten. „Auf dem Weg dorthin treffe ich aber meist zwei, drei Leute, dann hält man auch mal ein kleines Schwätzchen, fragt, wie es der Familie oder der Freundin geht, oder erzählt, was man im nächsten Urlaub vorhat." Manchmal, wenn eine Minute mehr Zeit ist, setzt er sich zu Busfahrer Stefan „Sponi" Spohn auf den Traktor und fährt mit ihm eine Runde über den Trainingsplatz. Es sind die kleinen netten Fluchten in einem durchgetakteten Zwölf-Stunden-Tag.

Dass Klemens Hartenbach und Christian Streich es unter diesen Umständen geschafft haben, ihre jahrzehntelange Freundschaft zu pflegen, ist bemerkenswert. Die beiden Workaholics, von denen der eine 70 Telefonate am Tag führt und der andere jede Trainingseinheit so vor- und nachbereitet, als wäre es die letzte, finden zumindest alle paar Wochen die Zeit, sich abends auf ein Glas Wein zu treffen und über völlig andere Dinge als Fußball zu sprechen. Was schon bemerkenswert ist, wenn man tagein, tagaus zusammenarbeitet, in Büros, die etwa zehn Meter Luftlinie voneinander entfernt sind.

Mit Streich in der Studenten-WG

Streich und Hartenbach kennen sich seit weit über 30 Jahren, seit gemeinsamen Studententagen in einer Vierer-WG. „Wir waren damals 22 Jahre alt", sagt Hartenbach. „Ein Koch und der

Geschäftsführer des Café Atlantik wohnten mit uns damals in der gleichen WG." Eine prägende Zeit sei das gewesen. „Meine Liebe zum Kochen hat ihren Ursprung in dieser Zeit. Freiburg war für mich damals die große, weite Welt. Obwohl ich nur aus Umkirch war, fühlte sich das für mich so an wie 20 Jahre später der Prenzlauer Berg für 22-jährige Freiburger." Eng befreundet sind Streich, der nach einem Jahr auszog, und Hartenbach, der weiter in der WG blieb, heute noch. „Wir gehen jetzt nicht zweimal die Woche ins Kino, es ist weniger geworden mit den Jahren", sagt Hartenbach. „Aber erst vor ein paar Tagen saßen wir wieder zusammen. Und sobald den Eltern, der Partnerin oder einem selbst was passiert, wird das mit dem anderen besprochen. Diese Nähe ist einfach da." So empfindet es auch Christian Streich: „Manchmal reden wir über Spieler, reden über Charaktere. Und schon sind wir nur noch indirekt beim Fußball."

Dass man Arbeit und Privates trennen kann, wenn man so lange Zeit so eng zusammenarbeitet, ist schon erstaunlich. Dass die Zusammenarbeit immer noch so fruchtbar ist, ist vielleicht noch erstaunlicher. Zumindest betont Hartenbach voller Emphase, dass er „am liebsten die nächsten zehn Jahre so weitermachen würde", mit diesem Sportvorstand und diesem Trainer, mit dem er schon seit Jahrzenten zusammenarbeitet. Doch wie so viele im Verein glaubt auch Hartenbach, dass Streich nicht mehr oft seinen Vertrag verlängern wird, dass in ein, zwei, drei Jahren ein anderer Cheftrainer kommt, weil Streich aufhört. Mit Panik erfüllt ihn das nicht, so gerne er in dieser Konstellation bis zur gemeinsamen Rente weiterarbeiten würde. „Es wäre auch spannend zu sehen, was passiert, wenn etwas Neues kommt. Kriegen wir das hin, in so einem Trainerverein wie dem SCF, dass der Übergang gelingt? Wenn ich daran denke, spüre ich eher den Reiz in mir als die Angst."

So oder so wird das Trio Saier-Hartenbach-Streich irgendwann mal auseinandergerissen werden, und vielleicht dauert es gar nicht mehr lange. Und wenn es tatsächlich Streich ist, der als

Erster geht, würden weder Saier noch Hartenbach ihm den Vorwurf machen, die Band gesprengt zu haben. „Wenn er einmal aufhört", sagt Hartenbach, „hat das einen guten Grund. Er macht das nicht einfach so." Wenn Hartenbach mal gehen sollte – oder Saier –, hätte das womöglich andere Gründe als beim Cheftrainer. Sicher kann man aber sein, dass es die anderen beiden respektieren würden. Vor allem aber würden sie es natürlich als Erste erfahren. Darauf angesprochen, reagieren alle drei, als ob man sie nach dem Aggregatszustand von Wasser gefragt hätte. „Na klar, da gab und gibt es keine Geheimnisse", sagt Saier. Und Hartenbach ergänzt, dass man anders hier in Freiburg nicht arbeiten könne.

Dabei kennt Freiburgs Sportdirektor viele Geschichten aus dem Innenleben anderer Bundesligavereine. Auch einige, die davon handeln, dass das Betriebsklima hinter den Kulissen Jahr für Jahr schlechter wird. Weil Unverbindlichkeit und Ellenbogen regieren. Weil leitende Angestellte im gleichen geschliffenen Marketingdeutsch über ihren Verein reden, wie es Versicherungsmakler tun, wenn sie einen Kunden aufs Kreuz legen wollen. Und weil wiederum andere Angestellte merken, dass hinter all dem Pathos keine Ernsthaftigkeit steckt, dass das, was sie selbst mit dem Verein verbindet, für die Vorgesetzten nur eine Ware ist, die man vermarkten kann.

Die Branche expandiert, die meisten Vereine haben ihre Apparate in den vergangenen Jahren dementsprechend stark aufgebläht. Fast überall kamen dutzende junge Leute von den Universitäten dazu. Und während die Jahrgangsbesten in den großen Büros immer mehr wurden, gerieten andere Angestellte vielerorts schon rein zahlenmäßig ins Hintertreffen.

Die Angestellten, die auf die längste Verweildauer im Verein zurückblicken können, sagen oft über sich, sie seien anfangs „so reingerutscht". Was nichts anderes bedeutet, als dass sie immer schon nah dran waren. Wer das Innenleben eines Klubs in- und auswendig kennt, braucht keine Praktika, um ihn kennenzulernen. Solche Menschen nehmen in der Regel eine Überstunde nicht als Überstunde wahr, sondern als zusätzliche Zeit im Dienst der gemeinsamen Sache – was man natürlich auch als einigermaßen naive Selbstausbeutung kritisieren kann. Andererseits sind es genau diese Menschen, die dem abgehobenen Profifußball doch noch eine entfernte Ähnlichkeit mit dem ursprünglichen Fußball verleihen: Wie beim FC Bayern Alzenau gibt es auch in der Geschäftsstelle des FC Bayern München Menschen, für die der Champions-League-Teilnehmer auch dann eine Herzensangelegenheit wäre, wenn er ins Amateurlager durchgereicht würde.

Das Familiäre erhalten
Beim SC Freiburg arbeiten – noch – sehr viele Menschen, die genauso ticken. „Und dieses Familiäre muss unbedingt erhalten bleiben", sagt Hartenbach. „Das muss das große Ziel auch für die Zeit im neuen Stadion sein." Im Grunde müsse man einen eigenen Mitarbeiter einstellen, der sich Gedanken darüber macht, wie die Büros am neuen Standort besetzt werden, wo sich die Angestellten bei welchen Anlässen begegnen sollen, wo sie sich austauschen können. „Das gibt Kraft. Wenn wir das verlieren, verlieren wir auch das Zusammenleben. Die Kunst wird es sein, in einer moderneren Umgebung keinen Millimeter nachzulassen."

Hartenbach gruselt es regelrecht, wenn er sich ausmalt, dass es beim SC – bei dem es ja durchaus sehr unterschiedliche Mitarbeiterkulturen gibt – auch einmal so werden könnte wie bei manchem Branchenriesen, bei dem nur die Poster an der Wand verraten, dass hier ein Fußballverein der Arbeitgeber ist und nicht eine Marketingagentur. Und er hat ziemlich klare Vorstellungen davon, wie das verhindert werden kann. „Wir müssen darauf achten, dass es auch künftig genug Leute gibt, die das Gen des SC Freiburg in sich tragen", sagt er. „Natürlich muss die Qualität eines Mitarbeiters letztlich das Entscheidende sein. Aber einen Tick weniger in diesem Bereich holst du auf mit einem höheren Maß an Identifikation und Leidenschaft."

Für seinen Bereich, das Scouting, hat Hartenbach seit Jahren eine Liste in der Schreibtischschublade, die er immer wieder aktualisiert. Auf ihr sind die Namen von ehemaligen Spielern der Profis, aber auch der zweiten Mannschaft vermerkt, die ihm deshalb in Erinnerung geblieben sind, weil sie sich zu ihrer aktiven Zeit mit dem Verein „total identifiziert" haben. Immer wieder kramt Hartenbach die Liste heraus, geht die Namen durch und telefoniert mit dem ein oder anderen, um zu erfahren, was der so treibt, welchen Blick er auf den heutigen Fußball hat und wie er die Dinge sieht, die ihm selbst wichtig sind. Wenn mal wieder eine Stelle zu besetzen ist, weiß er dann, wen er ansprechen kann. Karim Guédé zum Beispiel. Oder in ein paar Jahren mal Nils Petersen.

Hartenbach, Jochen Saier und Christian Streich sind zusammen seit fast 70 Jahren beim Sport-Club tätig, selbst der 41-jährige Saier geht bereits in sein 18. Jahr als Freiburger Verantwortlicher. Alle drei sind in einem Radius von 50 Kilometern um Freiburg herum aufgewachsen. Das sind Parameter, die sie auch gerne referieren, wenn sie einem Spieler, für den sich der SC interessiert, den Verein näherbringen wollen. Oft, sagt Hartenbach, sind auch 18-Jährige aus Chile oder Schleswig-Holstein beeindruckt, wenn sie hören, dass alle, die beim SC etwas zu sagen haben, aus der Region kommen und schon so lange amtieren. Ein gesichtsloser Fußballverein, zu dem der Berater vorher vielleicht ein paar Rahmendaten geliefert hat, bekommt nun ein Gesicht.

Als wär's das eigene Geld

Die starke Verbundenheit mit dem Verein hat allerdings auch ihre Schattenseiten. Womit gar nicht mal so sehr der Umstand gemeint ist, dass ein simpler Gang über den Wochenmarkt in jeder Sommerpause von vielen bangen Fragen („Könnt ihr euch verstärken?", „Bleibt der Soundso?") begleitet wird. Weit schlimmer ist, dass die Verantwortung für die eigene Arbeit so dermaßen deutlich spürbar ist. Der Verein agiert bekanntlich in einer weitgehend deindustrialisierten Gegend, selbst die Produkte des Hauptsponsors sind fast nur im eigenen Bundesland erhältlich. Auch das zeigt, wie sehr den Einnahmen in Südbaden Grenzen gesetzt sind.

Das alles führt beim Sport-Club traditionell zu einer extrem defensiven Haushaltspolitik. So gab es beim SC jahrelang sehr konkrete Pläne für die Zusammenarbeit mit einem ausländischen Verein. Letztlich entschieden sich die Verantwortlichen dennoch gegen die Kooperation, weil sie davor zurückschreckten, bei den längerfristig fixierten Verpflichtungen einen Klotz am Bein zu haben, wenn der SC irgendwann längere Zeit am Stück zweitklassig wäre.

Andere Baustellen, die mit weniger finanziellem Risiko behaftet sind, werden hingegen beim Sport-Club mit einer Zuverlässigkeit abgearbeitet, die bewundernswert ist. Zumal in einer Branche, in der alle ständig die Vokabel „Konzept" oder gar „Philosophie" im Munde führen, hinter der sich allerdings oft nur die Power-Point-Präsentation eines Offiziellen verbirgt, der ein halbes Jahr später wieder entlassen wird, um so dem nächsten Kandidaten mit der nächsten Präsentation Platz zu machen. In Hartenbachs Abteilung arbeiten sie gerade an der Umstrukturierung der Zusammenarbeit mit Partnerschulen und -vereinen. Das entsprechende Konzept schlummert seit Jahren in Hartenbachs Schublade. An ihm wurde immer wieder gebastelt, nun wird es umgesetzt. Konzepte statt teurer Experimente, damit ist der Sport-Club in den vergangenen Jahrzehnten gut gefahren.

Wenn es um die im wahrsten Sinne des Wortes verinnerlichten Sparzwänge beim SC geht, ist Hartenbach entwaffnend offen: „Alles Geld, das der Verein ausgibt, ist wie eigenes Geld." Er bleibt auch auf Nachfrage dabei und benutzt nun ein Wort, das auch Saier und Streich auffallend oft im Mund führen, wenn sie über ihren Arbeitsalltag sprechen: „Druck".

Bei Hartenbach, der dafür zuständig ist, Spieler zu verpflichten, die möglichst zwei, drei Jahre später entweder als Leistungsträger weiter beim SC bleiben oder für teures Geld verkauft werden können, stellt sich dieser Druck offenbar bei jeder einzelnen Transferentscheidung ein. Und zwar ähnlich wie bei der höchst privaten Entscheidung, sich etwas fürs eigene Haus zu leisten. „Wenn diese Säule der Erlöse, die ich verantworte, mal nicht so gut passt, dann laste ich mir das an", gibt er zu. „Denn dann habe ich nicht genug gute Spieler geholt, die hier den nächsten Schritt machen und die wir dann wieder mit Gewinn verkaufen." Er zögert kurz, dann wiederholt er: „Das führt manchmal zu einem Wahnsinnsdruck."

Den kann ihm auch der Cheftrainer nicht nehmen, der ja in seinem Bereich ganz genauso Druck empfindet wie Hartenbach. Auf dessen Skrupel beim Geldausgeben angesprochen, sagt Streich etwas überraschend: „Wenn zwei, drei Sachen nicht hinhauen, dann bleiben wir definitiv nicht in der Bundesliga. Da hat er viel Verantwortung, aber das ist objektiv auch so." Über das Schaffergen seines Freundes wundert sich Streich sowieso nicht: „Das ist in ihm drin. Klemens kommt vom Bauernhof, da ist man zwangsläufig ganz auf Arbeit ausgerichtet." Streich erinnert sich noch gut, wie sie beide in Studentenzeiten einen Anruf aus Umkirch bekamen. „Ein Gewitter hing in der Luft, das Heu musste eingebracht werden. Wir mussten also schnell beim elterlichen Betrieb vorbeikommen." So schnell es ging, mussten hunderte Heuballen auf einen Wagen gewuchtet werden – echte Knochenarbeit also. „Klemens hat 300, 400, 500 Ballen weggeschafft. Das war unfassbar."

Auf vielen Ebenen unterbesetzt

Unternehmensberatungen werden ja oft dafür angeheuert, Entlassungen und Stellenstreichungen höhere Weihen zu verleihen.

Würde man McKinsey & Co. durch die Freiburger Geschäftsstelle jagen, würden sie wohl dagegen Neueinstellungen empfehlen. Zu viele Mitarbeiter betreuen nebenher Bereiche, für die sie eigentlich nicht zuständig sind, weil die Arbeit sonst liegenbleiben würde. In der Rückrunde der Saison 2018/19 arbeiteten in der Freiburger Pressestelle zeitweilig nur zwei Angestellte, ehe im darauffolgenden Sommer drei Neue dazukamen. Bei anderen Bundesligisten, auch bei solchen, wo das Medieninteresse nicht unbedingt höher ist, arbeiten bis zu zehn Angestellte. Knapp besetzt, zum Teil auch regelrecht unterbesetzt, ist der SC Freiburg auf so gut wie allen Ebenen.

Nun kann man davon ausgehen, dass auch die meisten Klempner, Theaterregisseure, Bäcker oder Lehrer ihren Job gut machen wollen und sich nach Kräften ärgern, wenn ihnen etwas misslingt. Doch das, was die Freiburger Verantwortlichen beschreiben, ist dann doch noch mal existenzieller. Christian Streich ist nach dem Abstieg 2015 bei einem Interview in den Katakomben des Hannoveraner Stadions regelrecht zusammengebrochen, Trauer und Wut über den Abstieg hielten ihn tagelang im Griff – und nicht nur ihn. Saier und Hartenbach fühlen sich persönlich schuldig, wenn die Transferbilanz nicht stimmt. So intensiv diese Art der Zusammenarbeit ist, gesund kann sie auf Dauer eigentlich nicht sein. Dass sie in der Schwarzwaldstraße seit Jahren gelebter Alltag ist, dürfte auch etwas mit der Sozialisation der drei zu tun haben. Streich kennt seine Eltern nur hart arbeitend, als Selbstständige, bei denen das Wohlergehen des Betriebes und das Privatleben logischerweise untrennbar miteinander verbunden waren. Bei Hartenbach war es genauso. „Ich komme vom Bauernhof, da hing vieles von meiner Mutter und meinem Vater ab", sagt er nachdenklich und wirft eine Frage auf: „Hängt es nicht in kleineren familiären Betrieben immer an ein paar Leuten?"

Der SC Freiburg, das nur am Rande, dürfte das weltweit einzige Unternehmen mit über 100 Millionen Euro Jahresumsatz sein, bei dem einer der vier wichtigsten Protagonisten ohne jede Ironie von einem „kleinen, familiären Betrieb" spricht. Und dem damit eine ziemlich zutreffende Beschreibung einer Arbeitsweise gelingt, die janusköpfig ist. Auf der einen Seite ist sie das Erfolgsgeheimnis des Vereins und begründet seine Solidität. Auf der anderen Seite geht sie auf die Knochen und auf die nervliche Konstitution derjenigen, die im wahrsten Sinne des Wortes die Verantwortung tragen. Und sie führt zwangsläufig zu Anflügen einer Bunkermentalität. Hartenbach, der selbst ganz offen von einer „Wagenburgmentalität" spricht, bestreitet allerdings vehement, dass dadurch Betriebsblindheit drohe. Der Verein sei offen für neue Ideen, findet er. „Es ist wirklich nicht so, dass wir uns abschotten. Das wäre auch nicht gut. Einfach nur bewahren zu wollen, geht nicht mehr …"

Wobei: In einer Hinsicht würde er sich dann doch gerne abschotten, und den Kader der Saison 2018/19 gleich mit. „Am liebsten wäre es mir, wir könnten die Mannschaft einfrieren, sie vielleicht hier und dort ein bisschen ergänzen", sinniert er lächelnd. „Dann könnten wir, glaube ich, in der kommenden Saison eine tolle Rolle spielen." So pessimistisch wie noch vor ein paar Wochen blickt Hartenbach allerdings nicht mehr in die nähere Zukunft. Ende März, bei der Grundsteinlegung fürs neue Stadion, hatte er noch auf die harmlose Frage „Wie geht's?" besorgt auf die sich abzeichnenden Abgänge aus dem aktuellen Kader verwiesen. Man musste damals ein wenig schmunzeln, Hartenbachs nüchterner Skeptizismus bildete damals einen sehr auffälligen Kontrast zur leicht sektseligen guten Laune bei den hunderten von geladenen Gästen.

Ganz so sorgenvoll ist er Mitte Mai nicht mehr. Offenbar konnten zwischenzeitlich einige Spieler, die im März noch als wechselwillig galten, zum Bleiben bewegt werden, und die eine oder andere Zusage von Neuzugängen ist wohl auch eingetroffen. Und das, betont Hartenbach, ist heutzutage ein echter Grund zur Freude. Schließlich wird es für einen Verein wie den

SC immer schwieriger, in einem völlig überhitzten Spielermarkt mitzuhalten, dessen Funktionsweise Hartenbach in ein anschauliches Bild kleidet: „Man kommt sich vor, als stünde man an einem Rad, das sich rasant dreht. Du kannst schon versuchen, es ein bisschen abzubremsen. Aber sobald du es berührst, hast du dir schon die Hände verbrannt."

Horrende Summen für 1-B-Spieler
Fatalerweise sind bei den Spielern, die den Sport-Club traditionell am meisten interessieren, die Preise am dramatischsten explodiert: die Talente, bei denen mit 18, 19 Jahren schon feststeht, dass sie wohl nicht bei Manchester City oder Real Madrid und vielleicht auch nicht bei Borussia Dortmund landen werden, die 23-Jährigen, die entweder in der zweiten Liga zum Stamm gehören oder in der ersten schon ein paar Spiele in der ersten Elf auf dem Buckel haben. Hartenbach nennt sie die „Zwei-Sterne-" oder „1-B-Spieler", in Abgrenzung zu den „1-A-Spielern", zu denen er Ausnahmetalente wie Kai Havertz, Julian Brandt oder Leroy Sané zählt. „Andere Vereine holen sich jetzt auch die Spieler mit Fragezeichen in ihrer Entwicklung. Da wird gekämpft wie nichts Gutes, und man muss horrende Summen zahlen." Zumal sich einige Spitzenvereine schon jetzt einfach mal so vier oder fünf solcher Spieler leisten und ihre Nachwuchsleistungszentren immer weiter aufblähen. „Wenn es einer von denen schafft, hat sich das alles schon gelohnt", weiß Hartenbach. Was mit dem Rest der Spieler passiere, sei dann egal, so das zynische Kalkül. „Beim Sport-Club ist das anders", weiß Hartenbach. „Bei uns sollten es auch eher drei von vier schaffen, sonst haben wir ein Problem."

Für Freiburg ist das eine fatale Entwicklung, auch wenn man zuletzt mal Spieler der Kategorie Luca Waldschmidt oder Robin Koch holte, was lange Zeit unvorstellbar war. „Diese Entwicklung geht auf unsere Kosten, weil sich andere diese Summen natürlich viel leichter leisten können." In diesem Dilemma stecke allerdings nicht nur sein Verein, sondern auch die anderen Teams aus der Holzklasse, also Augsburg, Paderborn, Mainz oder Düsseldorf.

Doch die gegenwärtigen Entwicklungen auf dem Spielermarkt sind nicht nur finanziell ein Ärgernis, findet Hartenbach, dem man ebenso wie dem Cheftrainer nur eine Minute zuzuhören braucht, um zu merken, dass sie sich nicht ohne Grund einmal für ein Pädagogikstudium eingeschrieben haben. Denn die Folgen dieser Entwicklung, die tun ihm auch für die jungen Fußballspieler leid. Seit die deutsche U17-Nationalmannschaft bei der EM im Mai 2019 ausgeschieden sei, gelte die ganze Mannschaft bei vielen Kaderplanern als verlorene Generation. „Das heißt doch nicht, dass die nichts können", empört sich Hartenbach. „Es wäre jetzt die Verantwortung der Vereine, solche Jungs besser zu machen. Ich habe aber den Eindruck, die sind schon abgeschrieben."

Doch so wenig Geduld man mit den Jugendspielern habe, die vielleicht nicht ganz so talentiert seien wie Kai Havertz, umso bereitwilliger würden in der Branche für junge Männer, die zwei, drei Jahre älter sind als die U17-Spieler, horrende Summen ausgegeben. „Es gibt in dieser Altersklasse einfach zu viele Spieler, die noch nicht zu Ende modelliert sind und dazu gebracht werden, zu den ganz Großen zu wechseln", findet Hartenbach. „Das sind dann oft Spieler, bei denen man weiß, dass sie zwei Jahre später einen ganz anderen Entwicklungsstand haben, mit dem sie überall hingehen können." Gerade für diese Spieler sei es gut, einen Zwischenschritt einzulegen, zu einem Verein zu wechseln, bei dem „wirklich noch individuell mit ihnen gearbeitet wird, bei dem sie sich nicht nur durch die Spielpraxis entwickeln, sondern auch durch die individuelle Zuwendung im Training". Die Last werde für den SC jedenfalls immer größer, meint Hartenbach, der in naher Zukunft für Vereine wie den seinen nur die Alternative sieht, zu verschwinden oder sich als Scharnier, als Durchlauferhitzer zwischen kleineren Vereinen und einem der ganz großen neu zu erfinden. „Vielleicht musst du an einen der ganz großen andocken, und zwei kleine docken wiederum an dich an. Man hätte dann eine Art Entwicklungskette für Spieler, die einem vielleicht erlaubt, am Leben zu bleiben."

Hartenbach macht jetzt eine resignierte Geste, er hebt die Schultern. Er weiß ja, dass er noch so gute Argumente haben kann. Hände, die stark genug sind, um das Rad anzuhalten, bei dessen Berührung man sich verbrennt, hat er nicht. Und dass das Rad, das sich immer schneller dreht, seine irrwitzige Rotation nicht von alleine abbremsen wird, wissen sie beim Sport-Club. Die UEFA kann sich ja nicht mal dazu durchringen, die vom SC geforderten Kaderobergrenzen einzuführen, die den Menschenhandel zumindest ein bisschen eindämmen könnten.

Bleibt also weiterhin nur das Vorhaben, im eigenen Verein so skrupulös und gewissenhaft zu arbeiten, wie es nur irgendwie möglich ist. Damit sie sich nicht eines Tages Vorwürfe machen müssen, dass sie auch selbst daran schuld sind, dass ihr SC Freiburg dauerhaft aus dem Bundesligazirkus verschwunden ist.

Ins brennende Haus rennen

Viele Spieler reden von Identifikation. Mike Frantz lebt sie. Das könnte daran liegen, dass er selbst in der Fankurve sozialisiert wurde.

Mike Frantz hat es nicht leicht gehabt in den letzten Tagen. Immer diese Gefühlsschwankungen. Am Mittwochabend hat er sich „gefreut wie ein kleines Kind", nur um dann 24 Stunden später „total traurig", niedergeschlagen und deprimiert zu sein. Und an beiden Abenden hat seine Freundin ihn gefragt, was denn plötzlich los sei mit ihm. Nun, am ersten Abend hat der FC Liverpool das Champions-League-Halbfinale gewonnen. Am zweiten ging Tottenham Hotspur als Sieger vom Platz. „Da war ich wahnsinnig traurig, weil ich es Ajax Amsterdam so gegönnt hätte."

Frantz erzählt die Anekdote, um zu beweisen, dass Fußball auch dann seinen Reiz haben kann, wenn man ihn im Fernsehen guckt. Aber eigentlich schaut er Fußball lieber im Stadion. Frantz ist in der Kurve sozialisiert worden. Er tickt noch heute in vielerlei Hinsicht wie ein Fan. Vereinstreue findet er zum Beispiel kein Zeichen fehlender Flexibilität, im Gegenteil. Er selbst ist 32 Jahre alt, in ein paar Jahren wird er seine Karriere beenden. Und dennoch hat der Freiburger Kapitän als Profi nur bei zwei Vereinen gespielt: Sechs Jahre beim 1. FC Nürnberg, und die Saison 2019/20 wird nun auch seine sechste beim Sport-Club. „Ich bin ein Fan von Tradition und Fußballromantik. Mir war es immer wichtig, dass ich einen Bezug zum Verein und den Menschen in der Stadt habe", sagt Frantz. „Spieler und Fans, die sich mit dem Verein identifizieren, das ist die einzige Chance, gegen das große Geld etwas auszurichten."

Die Kraft aus der Kurve

Vereinstreue und Fans als Wert, das Ziel, dem großen Geld etwas entgegenzusetzen – keine Frage, Mike Frantz ist kein normaler Profi. Sondern einer, dem man immer wieder anmerkt, dass für ihn Fußball eine zweite Dimension hat: die der Fankurve, in der er sich seit Kindertagen heimisch fühlt. Vor allem in der des 1. FC Saarbrücken, des schlafenden Riesen aus seiner Heimatstadt, in dessen Stadion ihn sein Bruder erstmals mitnahm, als Mike zehn Jahre alt war. „Ich weiß gar nicht mehr so genau, wer damals der Gegner war", sagt Frantz. „Aber ich war damals Fan von Spielern wie Manni Bender oder Sambo Choji." Frantz spielte damals schon seit zwei Jahren selbst beim DJK Folsterhöhe, dem Verein aus seiner Hochhaussiedlung, die *Spiegel TV* im Sommer 2019 mit einem Feature über die schwierige Lage in „Saarbrooklyn" würdigte. „Da, wo ich herkomme, rechnest du nicht damit, dass du mal Erfolg im Leben hast."

Frantz war damals beeindruckt von der Spielweise seiner Lieblingsstars. Aber noch mehr vom ganzen Drumherum. „Von der Kraft, die da auf den Rängen entsteht und die dafür sorgt, dass auch erwachsene Leute Gänsehaut kriegen. Ich liebe Traditionsvereine, bei denen über Jahrzehnte hinweg Geschichte entstanden ist."

Was ihm auch imponiert hat: die Loyalität all der Menschen, die unter der Woche hart gearbeitet hatten und sich dermaßen freuen konnten, wenn ihr FCS ihnen am Samstag mit einem Sieg das Wochenende versüßte. „Diese Arbeitergesellschaft, für die das alles war – das ist Fußball", sagt Frantz, der sich noch heute hin und wieder Saarbrücker Spiele anschaut, wenn es zeitlich hinhaut. Das Relegationsspiel gegen 1860 München im Mai 2018 ist ihm dabei besonders in Erinnerung geblieben, schließlich fand es im Grünwalder Stadion zu Giesing statt, das wohl jeder Fußballfan zu den schönsten der Republik zählt. „Das war für mich das tollste Fußballerlebnis der letzten zehn Jahre, weil es echter Fußball war, mit zwei tollen Fanszenen und super Stimmung." Aufgestiegen ist Saarbrücken damals trotzdem nicht. „So eine blöde Regel", ärgert er sich noch über ein Jahr später. „Da wirst du Erster und scheiterst in der Relegation. Und in dieser Saison, in der man in der Südweststaffel erstmals ohne Relegation aufsteigen kann, wirst du Zweiter mit starken 67 Punkten und steigst trotzdem nicht auf, weil Mannheim so gut wie jedes Spiel gewinnt."

Wenn der FCS, der 1993 letztmals in der ersten Liga spielte, für ihn trotz des sportlichen Niedergangs ein großer Verein ist, dann macht er das an der Fanszene fest. „Wenn's läuft, fahren plötzlich 5.000 Leute nach Mannheim, und im DFB-Pokal kommen 20.000."

Frantz kommt jetzt wieder auf den 1. FC Nürnberg zurück, für den er so lange gespielt hat. Dass der Club sang- und klanglos abgestiegen ist, ist die eine Sache, dass aber bei jedem Spiel die Auswärtskurve ausverkauft war, die andere. Frantz imponiert das. Und er wäre unglücklich, wenn er bei seinen sporadischen Besuchen im Fränkischen angefeindet würde. Das aber passiert nicht, im Gegenteil. Als Club-Manager Robert Palikuća im Sommer 2019 zuerst über die *Bild*-Zeitung sein Interesse an einer Rückkehr von Frantz vermeldet und sich dann an den SC wendet, ärgern sich viele Clubfans über das Vorgehen ihres Managers. Zu gerne hätten sie Frantz wieder im Nürnberger Dress gesehen. Und vielleicht hätte es ja sogar geklappt, wenn sich die Nürnberger Seite etwas weniger laut gebärdet hätte.

Er jedenfalls sei „immer stolz gewesen, das Club-Trikot zu tragen", hatte Frantz schon Wochen vorher gesagt. „Ich habe sicher auch viele schlechte Spiele gemacht, aber ich glaube, ich habe den Leuten immer gezeigt: Auch wenn's nicht läuft, er gibt wenigstens nicht auf. In Nürnberg ist jeder Club-Fan, da gibt es nichts anderes. Deswegen war es auch so schlimm abzusteigen." Frantz hat den Eindruck, dass die Club-Fans ein Gespür dafür hatten, wer von den Spielern unter dem Abstieg gelitten hat und wer froh war wegzukommen. „Vielleicht kann ich deswegen heute noch gut durch Nürnberg laufen, und alle sind freundlich", sagt er.

Auch kurz vor Heiligabend 2018 hatte es ein großes Hallo gegeben, als Frantz mit dem Sport-Club in Nürnberg spielt. Auch jeder Vereinsangestellte, der schon zu seinen FCN-Zeiten hier beschäftigt war, begrüßt ihn herzlich. Frantz findet so etwas wichtig. Dass man Spuren hinterlässt. Dass es nicht egal ist, wo man gerade kickt. Umso mehr ärgert es ihn, dass viele Manager und Offizielle ein rein instrumentelles Verhältnis zu den Fanszenen haben. Wenn sie ihnen nützen, hören sie aufmerksam zu. Wenn nicht, erlahmt das Interesse schnell. „Du darfst Fans halt nicht verarschen", findet Frantz. „Und du darfst es nie als selbstverständlich hinnehmen, was sie für den Verein tun."

Doch die Hingabe und das Engagement sind Fluch und Segen zugleich, findet Frantz, der froh ist, dass er „beides erlebt" hat. Die Nürnberger Nordkurve mit all der Wucht, die den Fanszenen der großen Traditionsvereine zu eigen ist. Und die Freiburger Fanszene auf der Nordtribüne, die zwar zuletzt stark angewachsen ist, aber wohl immer zu den kleineren der Bundesliga zählen wird. „Nürnberg ist ein viel größerer Verein mit all den Problematiken, die du als Traditionsverein hast", sagt Frantz. „Wenn es läuft, spürst du die ganze Kraft der Fans, wenn nicht, verkehrt sich die Kraft ins Negative."

Zu viele Wappenküsser

Aber haben die Fans überhaupt noch Grund, sich einzelnen Spielern verbunden zu fühlen? Frantz reagiert nicht empört auf diese Frage, im Gegenteil. Er findet ja selbst, dass es im heutigen Fußball viel zu viele „Wappenküsser" gibt. Er könne jedenfalls schon verstehen, dass viele Fans den Treueschwüren der Spieler zunehmend misstrauen. „Wie sollte das auch anders sein, wenn Spieler sagen, sie kommen zu deinem Verein, um dort ‚den nächsten Schritt' zu machen? Die ganzen Wappenküsser sind doch oft ein paar Wochen später wieder weg." Frantz, der noch nie ein

Wappen geküsst hat, ist noch da. In Freiburg, wo allein in der Zeit, seitdem er hier spielt, die Zahl der Auswärtsfahrer enorm gewachsen sei. „Früher waren in Wolfsburg 200 Fans von uns, in dieser Saison waren es 2.000."

Es mag an seinem Alter liegen oder daran, dass er im Gegensatz zu den jüngeren Freiburger Spielern aus der Region auch schon anderswo mit ausgefahrenen Antennen Fußball gespielt hat. Jedenfalls hört man von ihm wenig Schwärmerei über den Sport-Club, dafür aber umso mehr Durchdachtes. Beobachtungen, die er in den vergangenen Jahren auch in Abgrenzung zu seiner Zeit in Nürnberg gemacht hat. „Bei uns ist auch nicht immer alles harmonisch, auch wenn es nach außen so scheint", sagt er beispielsweise. „Aber wenn man sich kritisiert, dann immer mit einem gewissen Niveau. Das ist immer mit Respekt verbunden." Oder: „Wenn hier Entscheidungen getroffen werden, hast du viel weniger Leute, denen du das mitteilen musst", sagt Frantz, der das nicht wertet. Er hat zwar auf der einen Seite erlebt, dass die kurzen Entscheidungswege vieles vereinfachen, doch auf der anderen Seite ist sein Ideal ja der Traditionsverein mit vielen Mitgliedern und Fans, die sich mitgenommen fühlen.

Was er aber immer sagen würde: Dass sie beim SC einen guten Blick auf die Realitäten haben und mit viel Sachverstand und Augenmaß das Beste aus ihren Möglichkeiten machen. „Die Grundrealität ist: Wenn wir in der Liga bleiben, ist das super, wenn alles zusammenkommt, ist auch mal mehr drin. Und diese Grundeinstellung ist im Verein so tief verankert, dass ich mir keine übertriebenen Sorgen mache, ob das im neuen Stadion kippen könnte." Auch Frantz spricht sich für ein dezentes Wachstum aus, das auf den eigenen Stärken fußt. Und er hofft, dass der Spagat gelingt, der dem Verein im neuen Stadion abverlangt werden wird. „Vielleicht ist es die spannendste Frage von allen, ob das gelingt", sagt Frantz. „Weil es wichtig ist, konkurrenzfähig zu bleiben, man aber auch schauen muss, dass man seine Werte und Prinzipien bewahrt."

„Das Kollektiv macht uns stark"

Das Wissen, wo man herkommt, wer man ist und was man kann, eint beim Sport-Club Vereinsführung und Spieler. „Das Kollektiv unterscheidet uns von den anderen, es macht uns stark", fasst Frantz zusammen. Und das lasse sich auf alle wichtigen Dinge im Verein übertragen. „Teamfähigkeit und Mentalität werden hier definitiv höher gewertet als die individuelle Klasse." Das gelte für die Transfers, aber auch für die Ansprache des Trainers oder die Trainingsinhalte. „Wenn wir als Mannschaft Erfolg haben wollen, muss jeder seinen persönlichen Erfolg hinten anstellen", sagt er. Was wie ein Satz aus dem Freiburger Imagefilm (den es nicht gibt) klingt, ist bei Frantz allerdings durchdacht und leicht auf die eigene Position herunterzubrechen: „Wenn ich rechts oder links vorne warte, bis ich den Ball kriege, und dann mit Tempo losziehe, dann sieht das geil aus für die Zuschauer. Wenn ich dann aber den Ball verliere, bringe ich die beiden Kollegen im Mittelfeld hinter mir in Bedrängnis." Wie jeder andere Spieler muss sich also auch Frantz für das Spielergebnis entscheiden und nicht fürs eigene Ego. „Auch wenn ich weiß, dass mein Marktwert steigt, wenn ich acht oder zehn Tore schieße." Spieler, die das anders sahen, gab es beim Sport-Club auch schon. Einige standen in der Mannschaft, die 2015 abgestiegen ist.

Womit wir beim eigentlichen Problem des Mike Frantz wären. Denn mit vielem, was die jüngeren Bundesligaprofis fasziniert, kann er nichts anfangen. Er hat bei all der Selbstinszenierung über Instagram und Markenartikel vom Scheitel bis zur Sohle auch immer den Eindruck, dass der Hype ums eigene Ego auf dem Platz weitergeht. Was ihm am Liverpool-Spiel vor ein paar Tagen so gefallen hat, war ja auch, dass da eine Mannschaft so gespielt hat, wie es ihr Trainer vorlebt. „Kloppos Ansprache funktioniert doch so, dass sich am Ende elf Mann nichts Besseres vorstellen können, als genau jetzt in ein brennendes Haus reinzurennen."

Frantz wäre wohl einer, der, wenn er den Trainer vertrauenswürdig fände, mit kurzen Hosen ins brennende Haus rennen würde. Und der glücklich wäre, wenn er unter herabstürzenden Balken auch seine Mitspieler sehen würde. „Als Mannschaft", sagt Frantz, „hast du aber ein Problem, wenn du ein paar Spieler hast, die sagen: ‚Ich bin doch nicht blöd und renne da rein. Zum einen scheiden wir eh aus. Und zum anderen ist es mir da drin zu heiß.'" Frantz muss jetzt aufpassen, dass er nicht zu begeistert von „früher" spricht. Das klänge zu sehr nach altem Mann, als der er sich nicht fühlt. „Irgendwann habe ich immer wieder das Wort ‚Geschäft' gehört. Für mich war es das nie."

Doch wie gesagt, er hat sich vorgenommen, nicht allzu rückwärtsgewandt zu reden. Wie er die jungen Spieler wahrnimmt, hat eben auch damit zu tun, wie er sich seine eigene berufliche Zukunft vorstellt. Manager oder Trainer in einem Bundesligazirkus, der so gar nichts mehr mit Saarbrücken 1996 zu tun hat, vielleicht nicht mal mehr mit Schwarzwaldstadion 2016? Eher nein. „Es kann auch sein, dass ich irgendwann sage, das ist nicht mehr mein Fußball." Gerade hat er erfahren, dass die Fans bei ManCity nicht mal mehr Zaunfahnen aufhängen dürfen, die werden seit einiger Zeit in digitalisierter Form auf ein Laufband projiziert. „In TV-Qualität", zitiert Frantz die Marketingfritzen aus Manchester. „Da hätte ich keine Lust zu. Wenn ich es mir aussuchen könnte, würde ich als Fan lieber zu Millwall gehen, auch wenn die ein paar kranke Fans haben."

Zu spät geboren

Überhaupt ist es ihm ein Dorn im Auge, dass sein Sport immer fernsehkompatibler werden muss. Frantz ist ein Gegner des Videobeweises, den er als Stimmungskiller empfindet. „Fußball ist ein fehlergeprägtes Spiel, und das war doch auch nie ein Problem. Aber jetzt kannst du dich ja schon gar nicht mehr über ein Tor freuen, weil du erst noch eine Minute warten musst, ob das auch gegeben wird." Auch die Medien spielten nicht immer eine gute Rolle, findet er. „Angeblich wollen sie, dass du sagst, was du denkst, aber wenn du das tust, machen sie dich einen Kopf kürzer." De facto züchteten viele Medien stromlinienförmige Phrasenautomaten heran statt mündige Spieler. Frantz ist es immer schwergefallen, vorgestanzte Antworten zu geben, er fand das unaufrichtig. Umso mehr wundert er sich, dass die Kids heute – auch die im Bundesligadress – die Glitzerwelt der Barças und ManCitys so anziehend finden. „Natürlich siehst du da ein tolles Produkt und tolle Spieler. Du darfst dich halt nur nicht fragen, wie das alles zustande gekommen ist." Aber, so findet Frantz, man dürfe das den Jungen wohl nicht zum Vorwurf machen. Sie seien schließlich so sozialisiert worden, dass alles, was teuer und erfolgreich ist, per se erstrebenswert sei. „Heute hast du ja im Grunde keine Alternative mehr. Entweder du machst mit bei Instagram und dem ganzen Kram. Oder du bist allein."

Mike Frantz merkt man bei fast jedem seiner Sätze die Trauer darüber an, dass er zu spät geboren ist. 1996, als ihn sein Bruder das erste Mal mit in den Saarbrücker Ludwigspark nahm – das war eine Zeit nach seinem Geschmack. Man musste damals noch nicht so viel erklären, sich nicht so viel in Menschen hineinversetzen, um ihr merkwürdiges Verhalten zu verstehen. Nur leider war Frantz 1996 erst zehn Jahre alt. 2019, am Höhepunkt seiner Karriere, fällt sein Fazit negativer aus, weit negativer. Der Fußball bewegt sich im Zeitraffer vorwärts, bedauerlicherweise allerdings in die falsche Richtung. Jedes Jahr ein Stück mehr. „Irgendwann kriegen wir alle Bänder um die Füße und oben auf der Tribüne sitzt jemand mit dem Joystick."

Money changes everything

Der SC Freiburg setzt sich vehement für den Erhalt der 50+1-Regel ein. Aus Überzeugung – und weil er weiß, dass es dabei auch darum geht, ob Freiburg im Profifußball eine Zukunft hat.

Spieler, die ins Freiburger Beuteschema passen, weil sie in der zweiten oder dritten Liga herausragten oder in weniger bekannten Ligen einem Scout der Freiburger auffielen, gehen lieber zu einem englischen Zweitligisten als nach Freiburg in die erste deutsche Liga. Die Gehälter und Handgelder, die in England üblich geworden sind, liegen einfach um ein Vielfaches über der Summe, die Freiburg zahlt. „Natürlich gibt es Wechselwirkungen mit dem TV-Vertrag der Premier League", seufzt Sportdirektor Saier, der in dem Gespräch häufiger von der „Geldkeule" spricht. „Beispielsweise, was das Rennen um Talente oder überhaupt Transfers angeht. Sobald da ein Konkurrent aus England mitbietet, wird so ein Transfer sehr viel teurer." Zumal Vereine wie United, Man City, Chelsea, Manchester United oder Arsenal längst hunderte Nachwuchskräfte aus ganz Europa zusammenkaufen, die sie dann allenfalls gegen teures Geld weiterverleihen – eine Geschäftspraxis, die zunehmend auch in Deutschland in Mode kommt, wie die Personalzahlen der Nachwuchsabteilungen zum Beispiel bei Schalke 04 und RB Leipzig zeigen. Dass Söyüncü nach nur zwei Jahren nach Leicester ging, haben sie in Freiburg natürlich auch mit einem lachenden Auge gesehen: Billig holen, teuer verkaufen, solche Transfers gehören nun mal unabdingbar zum Freiburger Geschäftsmodell.

Überhaupt ist Saier niemand, der nun ins Lamentieren verfallen würde. Kleiner werdende Gestaltungsspielräume sieht er als größer werdende Herausforderungen. Und doch klingt es ein wenig, als spreche sich da jemand selbst Mut zu, als er sagt, dass „es sicher auch künftig noch Nischen für Vereine wie uns geben wird". Der Fundamentalkritik an den Verbänden will er sich deshalb auch nicht anschließen. Sie ist ihm oft zu laut und undifferenziert. „Bei aller berechtigten Kritik herrscht da manchmal auch eine gewisse Doppelmoral. Man kann sich ja nicht über die hohen Ausschüttungen aus dem TV-Vertrag freuen und gleichzeitig immer kritisieren, wenn man auch mal etwas hergeben muss."

Saier sieht durchaus die Notwendigkeit, auf die Entwicklungen in England zu reagieren. Denn so wenig Geld, wie die Ligen zur Verfügung haben, die im internationalen Maßstab abgehängt sind, will Saier auch nicht verwalten müssen. „Es wird europaweit zwei, drei Ligen geben, die international von hohem Interesse sind, da will der deutsche Fußball natürlich dabei sein", sagt er und ist deswegen froh, dass die DFL-Vereine nicht abgehängt wurden. „Die Premier League ist weit voraus, aber hier hat die Liga mit einem ebenfalls sehr guten Abschluss nachgezogen. Dass bei den TV-Geldern das Ende der Fahnenstange erreicht ist, wurde auch schon vor einigen Jahren gesagt." Und tatsächlich ist das Gefühl weit verbreitet, dass die Entwicklung bald schon in eine andere Richtung gehen könnte.

50+1 – mit aller Konsequenz

Saier und der SC sind innerhalb der DFL der kritischen Fraktion zuzuordnen, in Sachen 50+1-Regel haben sie sich mehrfach klar positioniert. Zuletzt vor allem in Person von Oliver Leki, dem fürs Kaufmännische zuständigen Vorstand beim Sport-Club. Im Frühjahr 2018, kurz vor der entscheidenden Abstimmung über 50+1, bei der eine Mehrheit der Erst- und Zweitligisten für die Beibehaltung votierte, lehnte er sich für die traditionell bei öffentlichen Verlautbarungen eher zurückhaltenden Freiburger weit aus dem Fenster, sprach von einer „wertvollen Regel, die für die Solidarität in der Bundesliga und die Kultur im deutschen Fußball steht", und kündigte an, die Schicksalsfrage dementsprechend offensiv zu verteidigen: „Diese Regel gilt es mit aller Konsequenz zu bewahren. Wir werden für sie kämpfen. 50+1 ist ein Anker für Tradition, Identität sowie letztlich – und das ist entscheidend – für den Erfolg des deutschen Fußballs." Werde sie abgeschafft, drohe ein großer Teil der Vereine zu „wilden Spekulationsobjekten" zu verkommen. „Investmentbanken und Anwälte" seien eine machtvolle Lobby, „die selbst profitieren würde, wenn 50+1 fällt". Deshalb trommle sie dementsprechend massiv für die Abschaffung und tue so, als gebiete es schon die europäische Rechtsprechung, die Regel zu schleifen – ein Argument, das tatsächlich bundesweit so oft wiederholt wurde, dass es fast schon zum Allgemeingut gehört.

Wodurch es allerdings nicht wahrer wird, meint Leki: „Dass 50+1 nicht gerichtsfest sei, wurde von interessierter Seite so lange wiederholt, bis viele es für bare Münze nahmen. In Wirklichkeit ist völlig offen, ob 50+1 gegen europäisches Recht verstößt. Hierbei muss das Spannungsfeld zwischen europäischem Recht und Verbandsautonomie bewertet werden. Zu glauben, dass Verbandsautonomie und die damit im Grundgesetz verankerte Vereinigungsfreiheit keinen Wert hätten im Vergleich zu kartellrechtlichen Erwägungen oder Aspekten der Kapitalverkehrsfreiheit, ist falsch." Aus Freiburger Sicht sei es jedenfalls allemal besser, eine bewährte Regel zu verbessern und zu modifizieren als sie abzuschaffen und damit sowohl seriösen Investoren als auch Finanzhaien Tür und Tor zu öffnen. „Es geht darum, die Leitplanken klarer, präziser und eindeutiger zu formulieren, ohne 50+1 grundsätzlich in Frage zu stellen. Dass ein System Schwächen hat, ist kein Grund, es komplett über den Haufen zu werfen."

Das Argument der Privatisierungsfans, es müsse ja selbst nach dem Schleifen von 50+1 niemand ausgliedern und verkaufen, der das nicht wolle, hält Leki für vorgeschoben. „Insbesondere Vereine, die Misserfolg haben und jahrelang hinter den eigenen Erwartungen zurückbleiben, können schnell einer Verlockung erliegen, die bisher durch die Statuten ausgeschlossen ist. Dann ist die Gefahr groß, dass Investoren kommen, die keiner will. 1860 München ist ein warnendes Beispiel." Wie recht Leki hat, zeigte sich Anfang 2019 am Beispiel des 1. FC Kaiserslautern, der nach jahrelangem Missmanagement derart mit dem Rücken zur Wand stand, dass er wohl jeden Investor zu jeder Bedingung genommen hätte, wenn der die nötigen Millionen zur Existenzsicherung beigesteuert hätte. Wer bereit ist, seine Oma zu verkaufen, verkauft sie logischerweise an den Meistbietenden.

Dass im März 2019 die gut besuchte Mitgliederversammlung von Hannover 96 mit großer Mehrheit ausschließlich Aufsichtsräte wählte, die als profilierte Gegner der Pläne von Martin Kind gelten, haben sie in Freiburg deshalb mit großer Freude registriert. Ist es doch der abermalige Beweis, dass es eben nicht nur ein paar Ultras sind, die 50+1 beibehalten wollen, sondern eine große Mehrheit aller Fußballfans. Was im Übrigen durch alle Umfragen gestützt wird.

Wenn sie beim SC nach wie vor glauben, dass 50+1 zu halten ist, dann liegt das auch an dieser breiten gesellschaftlichen Grundstimmung. Denn fraglos beeinträchtigt 50+1 den Wettbewerb, doch dieser Rechtsnorm stehen andere entgegen. So gibt es selbst in der ultraliberalen europäischen Praxis immer wieder Ausnahmeregelungen, die die Bewegungsfreiheit der heiligen Kuh „freie Märkte" einschränken. Beispielsweise unter Berufung auf die Autonomiefreiheit der Verbände (Verbandsautonomie) oder unter Rücksichtnahme auf ein übergeordnetes gesellschaftliches Interesse.

Kulturgut Fußball
Dass Fußball in Deutschland eine Mehrheit der Fans – unabhängig davon, ob sie ins Stadion gehen oder „nur" die *Sportschau*

gucken – als Kulturgut sieht, das bereits jetzt viel zu durchkommerzialisiert ist und keinesfalls zum Spielball der Märkte werden darf, wissen sie in Freiburg sowieso. Hannover hat sie in ihrer Sicht der Dinge noch einmal bestätigt. „Es gibt natürlich positive Beispiele, was passieren kann, wenn Vereine von Investoren übernommen werden", meint dann auch Leki. „Es gibt aber auch genügend abschreckende, und über die würde ich mir Gedanken machen. So wenige sind das im Übrigen nicht, wenn man sich anschaut, was vielerorts in England oder der Schweiz passiert ist. Wir müssen uns entscheiden, ob wir das riskieren wollen oder nicht. Wir sagen nein. Warum sollte man etwas Gutes aufgeben, wenn die Argumente, die gegen 50+1 in Feld geführt werden, nicht überzeugen?"

Denn weder werde die Wettbewerbsfähigkeit des deutschen Fußballs gestärkt, noch erwachse dem FC Bayern ein mächtiger Konkurrent aus dem Nirwana, wenn nur Verein XY dank massiver Unterstützung eines neuen Eigentümers finanziell mit den Münchnern gleichziehe. Wenn dem so wäre, fragt sich Leki, „warum haben dann Real Madrid oder Barcelona solchen Erfolg? Das sind keine investorengeführten Vereine. Es war auch noch nie so viel Geld im deutschen Fußball wie im Moment, und trotzdem schneidet er international nicht gut ab." Und die Bayern, die ja interessanterweise ebenfalls für die Abschaffung von 50+1 votieren? Haben selbstverständlich keine Angst vor dann erwachsender neuer Konkurrenz, weil ihre Hegemonialstellung auf Jahrzehnte zementiert ist: „Der Vorsprung der Bayern ist so groß, da würden auch kurzfristige Investorengelder nichts bringen." Viel besser wäre es, wenn endlich mal wirklich darüber diskutiert würde, wie der deutsche Fußball vorankommt, findet man beim Sport-Club. Fußballerisch, das hat nicht zuletzt die WM 2018 gezeigt, droht man wieder den Anschluss an die Moderne zu verlieren.

Auch Jochen Saier hat natürlich primär das Interesse des eigenen Vereins vor Augen, wenn er davor warnt, dass „Vereine zur One-Man-Show werden". Dass das zu vermeiden ist, wenn man die Büchse der Pandora noch weiter öffnet, glaubt Saier im Übrigen nicht. „Jemand pumpt in aller Regel nur dann Geld hinein, wenn er auch entscheiden kann." So wie Hasan Ismaik bei 1860 München, der – aus seiner Sicht vollkommen verständlich – einmal seufzte, er habe einen BMW gekauft, nun müsse man ihn auch ans Steuer lassen. Dass Ismaik danach für (fast) alle ersichtlich nachwies, dass er nicht Auto fahren kann, hat sein Argument in sein Gegenteil verkehrt.

Doch genau das ist der Punkt, den die Ausgliederungsbefürworter von Hannover über Bochum bis Stuttgart oder Nürnberg so gerne verschweigen. Von Martin Kind bis Wolfgang Dietrich behaupten sie ja immer wieder, Investoren bräuchten unbedingt den Wegfall von 50+1, dann würden sie schon bald kräftig investieren. Sie sagen aber nicht, warum das so ist. Weil sie dann das alleinige Sagen in einem Fußballverein hätten und dann von keinem Mitgliedervotum der Welt mehr daran gehindert werden könnten, zu tun, was sie wollen. Lars Windhorst, der im Sommer 2019 über 120 Millionen Euro in Hertha BSC gesteckt hat, ist da ganz ehrlich. Er will „Geld verdienen". In Freiburg wollen sie genau dieses sauer verdiente Geld lieber selbst behalten, als es irgendwelchen Anteilseignern zu schenken.

Und genau das ist der Grund, warum sie in Freiburg die 50+1-Regel so gerne für alle Zeiten fortschreiben würden. Doch da ist die dunkle Ahnung, dass irgendwer in gar nicht allzu ferner Zukunft deren Abschaffung einklagen wird. Und dann will man nicht mit einem Steuer navigieren, das nach rechts und links blockiert ist. Man wäre dann nämlich wahrscheinlich der Einzige, der gegen den Strom segelt. Ein echtes Dilemma. „Wir wollen nicht ausgliedern", sagt Saier. „Aber wir müssen zusehen, dass wir noch gestalten können, wenn der Tag X kommt." Das englische Modell ist jedenfalls keines, dem er nacheifern möchte: „In Großbritannien könnte man auch feststellen: Es funktioniert. Aber die Frage muss natürlich gestattet sein, wer sich den Fußball dort noch leisten kann. Diejenigen, die die Spieler und die Vereine großgemacht haben, fallen jedenfalls zusehends hinten runter." Er seufzt. „Natürlich geht die Entwicklung eindeutig nur in eine Richtung", sagt Saier. „Hoffentlich geht es noch lange darum, vernünftig zu arbeiten, und nicht darum, wer die größeren Sponsoren hat. Eine Entwicklung, die sich ausschließlich über Geld definiert, wäre schlimm."

Tief im Süden

Ob Langeoog, ob Schruns: Vroni Kromer und Georg Strittmatter begleiten den Sport-Club jeden Sommer ins Trainingslager. Nie würden sie die Privatsphäre der Spieler missachten, vielleicht haben sie gerade deshalb ein solch gutes Verhältnis zu vielen von ihnen. Ein Ortsbesuch an der Schweizer Grenze – bei zwei außergewöhnlich netten Menschen.

Das örtliche Fremdenverkehrsamt braucht hier nicht allzu viel Fantasie, um für seine Region zu werben. Hübsche Fachwerkhäuser, blühende Wiesen, herrliche Badeseen, versteckt mitten im Tannenwald – so, wie sich Großstädter aus dem Norden den Schwarzwald vorstellen, so sieht er hier, unweit der Schweizer Grenze, tatsächlich aus. Und so, wie die Menschen hier sprechen, so sprechen auch Vroni Kromer und Georg Strittmatter aus Grafenhausen, die im Fanklub Höchenschwand aktiv sind, der auch die Mitglieder aus Grafenhausen umfasst. Es kam schon vor, dass Spieler, die bei der Weihnachtsfeier des Fanklubs vorbeischauten, irgendwann leicht verlegen zugaben, dass sie bisher nicht allzu viel verstanden hatten. Am liebsten würde man Georg fragen, ob er mit seinem großen grauen Rauschebart und seiner freundlichen Ausstrahlung mal als „Alm-Öhi" gecastet wurde. Aber man ahnt, dass der Frührentner diese Frage schon öfter zu hören bekam.

Vroni, die im Bürgerbüro des 2.300-Einwohner-Örtchens arbeitet, und Georg haben seit 2003 kein Sommertrainingslager mehr verpasst. Wahrscheinlich gibt es kaum jemanden, der den Sport-Club in den letzten Jahrzehnten so dauerhaft aus der Nähe beobachtet hat wie die beiden. Sie kennen viele Spieler seit Jahren und wohl mehr Anekdoten aus der Freiburger Geschichte dieses Jahrtausends als viele Vereinsangestellte. Natürlich sind sie Fans durch und durch, und nicht die einzigen im Ort. Als der Postbote vorbeikommt und Vroni draußen auf der Terrasse ein paar Briefe und Werbesendungen in die Hand drückt, entwickelt sich sofort ein Gespräch über die Freiburger Transferaktivitäten in der Sommerpause. Georg zwinkert verschwörerisch: „Auch ein SC Fan." Wie die Familie schräg gegenüber.

Deren Sohn haben die beiden schon früh zum SC mitgenommen, zuerst zur zweiten Mannschaft ins Möslestadion, zum Eingewöhnen. Dann zu den Profis. Und wie Kinder nun einmal sind, hat sich der Kleine gleich seine Gedanken gemacht und die Nachbarn mit eigenen Ideen zur Freiburger Aufstellung überrascht. Als er in der Schule ein Idol vorstellen sollte, hat er Julian Schuster gewählt. Der war natürlich auch in der Stammelf gesetzt: „Er weiß immer ganz genau, wen der Herr Streich am nächsten Samstag aufstellen sollte", sagt Vroni und lacht. „Streich" oder gar ein joviales „Christian" rutschen ihr und ihrem Mann übrigens an diesem Nachmittag kein einziges Mal heraus. Und das, obwohl sie nicht nur den Trainer, sondern die meisten Freiburger Offiziellen weit länger kennen, als die meisten Fans von sich behaupten können.

Auch wenn sie sich untereinander über den SC unterhalten – und das tun sie oft –, sprechen sie von „Herrn Finke" oder „Herrn Saier". Während des gesamten Nachmittags hört man nicht einmal einen kritischen Unterton über einen Spieler oder Funktionär. Und selbst, wenn sie einmal von Frotzeleien mit Spielern berichten – auch Freiburger Spieler verlieren schließlich mal den Führerschein –, hört man nur Wohlwollen heraus. „Die haben alle auch ein Recht auf Privatleben", sagt Georg und wird plötzlich ernst. „Und das geht uns nichts an." Die beiden sind rücksichtsvolle, durch und durch freundliche Leute, bei denen man sich lebhaft vorstellen kann, wie viele schöne Tage der Nachbarsjunge mit ihnen verbracht haben muss. Wenn es sie Jahr für Jahr immer wieder in die Sommertrainingslager des Sport-Clubs zieht, dann auch, weil dort vieles an Freundlichkeit zurückkommt. Auch und gerade von den Spielern.

Hochzeit im Trainingslager

Felix Roth, der es beim SC nicht in die erste Mannschaft schaffte und insgesamt sechs Jahre für Lustenau und Altach in Österreich spielte, besuchten sie vom Trainingslager im nahen Schruns aus. Johannes Flum, der seit ein paar Jahren auf St. Pauli spielt, wurde nach dem Training an der Kollaustraße überrascht. In voller SC-Montur. Eine Sprachbarriere gab es nicht, denn Flum stammt wie die beiden aus dem Landkreis Waldshut-Tiengen. Er hat einen lange verabredeten Pressetermin nach hinten verschoben, weil er sich über den Besuch aus der Heimat gefreut hat.

2003 waren die beiden erstmals auf Langeoog, der kleinen Nordseeinsel, auf der der Sport-Club in der Finke-Ära traditionell seine Sommertrainingslager abhielt. Die gemeinsame Woche am Meer war das Geschenk für Georg zu dessen 50. Geburtstag. „Verheiratet waren wir damals noch nicht", erzählen sie. Doch das wurde dann nachgeholt. Heimlich, still und leise auf Langeoog. Zwei Trauzeugen, einer davon der in Fankreisen bestens bekannte Hartmut Wilhelm, sind mitgefahren. Die Grafenhausener erfuhren hingegen erst nach ihrer Rückkehr durch einen Artikel in der örtlichen Tageszeitung, dass Vroni und Georg nun verheiratet sind. Beide lachen noch heute herzlich über den gelungenen Coup.

Journalisten fahren gerne in Trainingslager von Profimannschaften, weil sie dort ein viel besseres Gespür für die Abläufe in der Mannschaft und die einzelnen Charaktere bekommen als im streng durchgetakteten Ligaalltag. Was dort wirklich hinter den

Kulissen passiert, vor allem in dem Bereich, in dem der Sport endet und Privates beginnt, erfahren Journalisten in der Regel aber nicht.

Beim Ehepaar Kromer/Strittmatter hat man schnell den Eindruck, dass das anders ist. Doch falls sie Anekdoten kennen, die unangenehm für einzelne Spieler sein könnten, erzählen sie sie nicht weiter. Wie sie im Trainingslager auf Langeoog auch die Spieler nicht verpfiffen haben, wenn die mal aus dem Mannschaftsquartier ausgebüxt sind. Und das, obwohl Damir Burić, der langjährige Co-Trainer von Volker Finke und Robin Dutt, nichts unversucht gelassen hat, um etwaige Ausbrecher zu stellen. „Der Damir ist mit einer Mütze auf dem Kopf heimlich in die Bar gegangen, wo er Spieler vermutet hat", berichtet Georg. „Oder er hat sich im Auftrag vom Trainer aufs Dach des Mannschaftshotels gestellt, von wo aus er einen Blick auf den Weg hatte, der in den Ort führt." Erwischt hat Burić allerdings selten jemanden. Zum einen, weil Georg und Vroni niemanden verpetzt haben. Vor allem aber, weil die Spieler, die der Lagerkoller übermannte, nicht dort waren, wo der Trainerstab sie vermutete. „Die sind immer in den Strandkörben gesessen", lacht Vroni. Und manchmal hatten sie – böse, böse – auch tatsächlich mal eine Packung Kekse dabei. Gut, dass das der Trainer nicht mitbekommen hat.

Auch im Sommer 2019 sind die beiden wieder in Schruns, wo Jahr für Jahr dieselben Abläufe zu beobachten sind – auch das im Übrigen etwas, das in Freiburg manchmal ein Wert für sich zu sein scheint. Für die Fans ist das Setting dort genauso angenehm wie für die Mannschaft. Im kleinen, wunderschön gelegenen Stadion des örtlichen FC ist es gar nicht möglich, die Spieler von den drei Dutzend Fans abzuschirmen, die aus dem Badischen herüberfahren. Der SC, der die Fans früher sogar nach dem Training auf den Rasen gelassen hat, will das auch gar nicht. Den Rasen hat er aber zur Tabuzone erklärt, der bekloppte Radfahrer, der tatsächlich während einer Trainingseinheit zu Christian Streich auf den Platz fuhr und „jetzt sofort" ein Foto mit ihm wollte, war dann doch zu viel des Guten. Auch wenn der sportliche Mann gerade per Rad von Freiburg gekommen war und zu Hause versprochen hatte, er werde sich nach der Ankunft sofort mit einem Foto aus Schruns melden.

Doch auch so könnte es in Voralberg kaum familiärer zugehen: Die Spieler, die mit dem Fahrrad vom Mannschaftshotel herüberradeln, nicken jedem freundlich zu, Autogramme sind selbstverständlich, ein Mädchen im Liegerollstuhl, das wie Vroni und Georg seit Jahren jeden Sommer mit ihrer Mutter nach Schruns reist, wird von vielen wie die alte Bekannte begrüßt, die sie ja auch ist. Schon auf Langeoog, berichtet Vroni, ging es so persönlich zu. Zum Abschluss des Trainingslagers gab es immer ein Mannschaftsessen, im Nebenraum saßen die wenigen mitgereisten Fans. Und immer kamen einige Spieler sowie Co-Trainer Achim Sarstedt vorbei und unterhielten sich mit den treuen Anhängern.

Persönlich von Finke verabschiedet

Dass ein solcher Umgang mit Fans nicht selbstverständlich ist, merkten die beiden bei einem späteren Langeoog-Besuch. „Wir sind noch mal hingefahren, als der SC nach dem Weggang von Finke auch anderswo sein Trainingslager gemacht hat. Zu dem Zeitpunkt war Hoffenheim da – mit Achim Sarstedt als Co-Trainer von Ralf Rangnick." Man merkt Vroni noch heute an, dass sie regelrecht Mitleid hatte mit dem alten Bekannten aus Freiburger Zeiten. „Der ist nur gehetzt durch die Gegend gerannt, genau wie die Hoffenheimer Spieler. Und hin und wieder ist er gekommen und hat sich entschuldigt, dass er leider gar keine Zeit für ein kleines Gespräch hat. Das war ihm wirklich wahnsinnig peinlich."

Das Betriebstempo war nicht das Einzige, was sich auf Langeoog geändert hatte, nachdem statt der gemächlichen Freiburger die vom Perfektionisten Rangnick trainierten rundum optimierten Kraichgauer an der Nordsee aufschlugen. Als einmal der Trainingsplatz unter Wasser stand, verlangte der Hoffenheimer Tross allen Ernstes, das Wasser mit Hubschraubern zu entfernen. Der Vorsitzende des TSV Langeoog soll eher verwundert denn erbost gewesen sein. „Der hat immer nur gesagt: ‚Wie stellen die sich das denn vor? Wir sind doch nur ein kleiner Dorfverein mit einer Handvoll Mitgliedern.'"

Bemerkenswert auch, was die beiden über die jeweiligen Freiburger Cheftrainer berichten. Sie erzählen respektvoll von Robin Dutt, also „Herrn Dutt", der ihnen persönlich Freikarten an den Eingang zum Schrunser Stadion gebracht hat, weil er es unpassend gefunden hätte, wenn sie als treue Fans auch noch die fünf Euro Eintritt zum Testspiel im Rahmen des Trainingslagers hätten zahlen müssen. Oder von Volker Finke, der die rheumakranke Vroni einmal auf Langeoog überholte und das Fahrzeug prompt stehenließ: „Sie können gerne mein Fahrrad nehmen."

Von Finke haben sie sich damals persönlich in dessen Trainerbüro verabschiedet. „Ich war damals auf seiner Seite", sagt Georg. „Auch wenn ich finde, dass er selbst den richtigen Zeitpunkt zu gehen verpasst hat." Noch heute verstehe er nicht, warum Finke so lange „an seinem Amt geklebt" habe. „Wenn er ein bisschen vorher freiwillig gegangen wäre, hätte er heute in Freiburg einen Status wie ihn Franz Beckenbauer vor dem Theater um die WM beim DFB hatte." Noch weniger versteht Georg aber etwas anderes: „Dass die Leute, die ihn so mächtig haben werden lassen, ihm dann später vorgeworfen haben, er wäre so mächtig." Im Nachhinein, finden Georg und Vroni, habe der Verein wohl damals alles richtig gemacht. Mit Dutt und mit Streich auf jeden Fall, mit Marcus Sorg, den sie als „wahnsinnig nett" in Erinnerung haben, eher nicht: „Der war einfach zu weich."

Eines aber ist ihnen wichtig, wenn sie die turbulente Zeit um den Finke-Abschied 2007 Revue passieren lassen. Die Art und Weise, wie Teile der Fankurve mit dem verdienten Trainer umgingen, empört sie noch heute. „Finke raus"-Rufe nach 16 meist sehr erfolgreichen Jahren? Gegen einen Mann, ohne den der SC vielleicht noch heute vor 2.000 Zuschauern gegen Saarbrücken kicken würde? Ein Unding findet Georg, dessen Stimme jetzt zum ersten und einzigen Mal an diesem Nachmittag richtig streng klingt. Geht gar nicht, sagt er sehr entschlossen: „Sell goht nidd."

Eine schöne Perspektive

Julian Schusters Abschied als Spieler beim SC Freiburg hätte stilvoller ablaufen können. Doch der langjährige Kapitän redet lieber über Gegenwart und Zukunft beim Sport-Club. Für ihn dürfte es noch viel weiter gehen beim SC – ein Glücksfall für beide Seiten.

Nein, der Mann, der hier gerade aus seinem Büro tritt, ist nicht der Hausmeister der Freiburger Fußballschule. Dessen Büro dürfte größer sein als das von Julian Schuster, der im Sommer 2019 das erste Jahr als Verbindungstrainer des SC Freiburg hinter sich gebracht hat und nun aus einem recht kleinen Raum kommt, der im untersten Stock eines Gebäudes liegt, das man ebenfalls leicht übersieht. Wer das ehemalige Möslestadion, die Fußballschule des Bundesligisten, über den Haupteingang betritt und statt aufs Spielfeld oder die imposante Haupttribüne nach links schaut, sieht das schmale Gebäude. Im größeren Raum treffen sich die Trainer der Fußballschule, im kleinen davor sitzt Schuster.

Der ist ausgesprochen gut gelaunt, als er nach einem kurzen Smalltalk über den eben vollzogenen Abstieg des VfB Stuttgart über seine Arbeit als Verbindungstrainer des SC Freiburg spricht. Als solcher ist er dafür verantwortlich, dass diejenigen Spieler, die zwischen U19, U23 und Profikader hin- und herpendeln, möglichst gut betreut werden. Fachlich, aber auch menschlich. „Natürlich beschäftigt sich der Cheftrainer mit jedem auf dem Platz recht ausführlich", sagt Schuster. „Aber es ist ja auch klar, dass ein Spieler aus der ersten Elf ein bisschen mehr im Fokus steht als die ganz jungen."

Für die ist Schuster zuständig, für die Schlotterbecks, Herrmanns oder Nielands des SC, die zwischen Nachwuchsbereich und erster Mannschaft hin- und herwechseln. Sie hat er besonders im Blick, wenn sie bei den Profis mittrainieren dürfen. Es kann dann schon mal vorkommen, dass Schuster ungeduldig auf die nächste Trinkpause wartet, um einem seiner Jungs noch mal einzuschärfen, worauf es in den Übungen ankommt, oder zu erklären, was der Cheftrainer genau meinte, als er die Übung unterbrach. Doch Schuster ist nicht nur der Supervisor. Er feilt mit seinen Schützlingen auch an ihren individuellen Schwächen, und wenn es an der Wand hinter der Geschäftsstelle ist, an der er als Profi selbst oft genug Flugbälle oder Pässe geübt hat.

Ein paar Wochen zuvor konnte man Schuster bei einem A-Jugend-Spiel im Möslestadion treffen. Zusammen mit seinem Vater war Schuster kurz nach Anpfiff über den Hintereingang ins Stadion gekommen und hatte damit denselben Weg genommen, den früher auch Präsident Achim Stocker gewählt hatte. Das sei allerdings reiner Zufall, sagt Schuster, dem man sofort abnimmt, dass er einfach nur möglichst konzentriert das Spiel verfolgen wollte. Denn tatsächlich konnte man ihn damals dabei beobachten, wie er immer wieder auf eine Art und Weise auf sein Handy schaute, bei der sofort klar war, dass weder Katzenvideos noch Urlaubsbilder von Freunden seine Aufmerksamkeit absorbierten.

„Ganz bestimmt nicht", lacht Schuster und berichtet von einer App, die im heutigen Trainingsalltag so selbstverständlich ist wie Ball und Tornetz. „Mit ihr kann ich Beobachtungen, die ich bei einzelnen Spielern mache, sofort vermerken." Wenn er nach 23 Minuten und 18 Sekunden „Abwehrverhalten" notiert oder nach 67 Minuten und 32 Sekunden „keine gute Szene", dann kann er – nachdem er seine Aufzeichnungen über den 90-Minuten-Mitschnitt des gesamten Spieles gelegt hat – dem Spieler genau zeigen, was er in welcher Spielsituation richtig oder falsch gemacht hat. Das ist natürlich deutlich anschaulicher, als wenn man nur vage und ohne Bildmaterial von „der Szene etwa Mitte erste Halbzeit" spricht. Und es ist ein Werkzeug wie geschaffen für einen Verbindungstrainer, der – glaubt man Schusters Kumpel Nils Petersen – wie kein Zweiter aus dem ehemaligen Freiburger Bundesligakader ein Spiel taktisch lesen kann. Schuster unternimmt gar nicht erst den Versuch, so zu tun, als sei das Petersen-Lob aus der Luft gegriffen, und erklärt stattdessen, woher sein schon früh erwachtes Interesse an Taktik stammt: „Ich war als Spieler nie schnell und nie kräftig. Deswegen war das Analytische mein Weg, um besser zu sein als andere."

Wie beim FV Löchgau

242 Pflichtspiele hat Schuster für den SC Freiburg bestritten – die meisten davon als unumstrittener Kopf der Mannschaft, als einer, der oft wusste, was nun auf dem Platz gefragt war. Schon kurz nach seiner Ankunft in Freiburg schien er genau zu spüren, wie dieser Verein tickt. „Die Art und Weise, wie ich vom ersten Tag an hier in Freiburg behandelt wurde, hat mich total an meinen Heimatverein erinnert." Dass es beim damaligen Zweitligisten, mit dem Schuster später dann meist in der ersten Liga spielte, so familiär und herzlich zuging wie beim FV Löchgau – das würde man anderswo vielleicht als vergiftetes Kompliment interpretieren. In Wahrheit ist es ein ganz großes Lob. Und vielleicht der entscheidende Grund dafür, dass Julian Schuster dann doch gar nicht so lange überlegen musste und beschloss, beim SC in neuer Funktion weiterzuarbeiten.

„Es gibt ganz viele Spieler, bei denen hier etwas klick gemacht hat", sagt Schuster und erwähnt das Beispiel von Francis Coquelin, den er vor ein paar Tagen beim spanischen Pokalfinale im Fernsehen gesehen hat. „Francis kam mit Übergewicht hierher, in einem Fitnesszustand, der wirklich nicht gut war. Und eigentlich konnte er uns in dem Jahr nicht viel helfen." 16 Spiele, 721 Bundesligaminuten, viel zu wenig für den Hochbegabten, der aus dem großen Fundus des FC Arsenal aus London nach Freiburg gekommen war und dort erst mal lernen musste, dass Talent beim Sport-Club kein Freifahrtschein ist, sondern eher eine Hypothek. Weniger arbeiten müssen die Begabten bei Streich jedenfalls nicht, weder im taktischen noch im athletischen Bereich. „Er hat das verstanden", weiß Schuster. „Er hat sich nach seiner wenig erfolgreichen Zeit beim SC einen privaten Fitnesstrainer genommen und ist dann so richtig durchgestartet bei Arsenal und Valencia."

Coquelin war nicht der Einzige in Schusters SC-Jahren, der am beschaulichen Standort fremdelte. „Für Spieler, die gerne mal hier und mal dort Party machen oder abends kilometerlange Promenaden entlangflanieren, ist Freiburg oft die Hölle", weiß Schuster. Der dreifache Familienvater Schuster war da früh anders. „Ich habe es immer total genossen, dass man hier in 20 Minuten völlig allein und mitten im Grünen sein kann." Nicht die einzige Gemeinsamkeit, die Schuster mit den meisten SC-Urgesteinen hat. Auch den Cheftrainer und den Sportdirektor zieht es abends ja gerne in die Natur. Man darf zudem davon ausgehen, dass Schuster kein Medientraining mehr braucht, um sich im SC-Stil zu äußern. So korrigiert er sich sofort, als er einmal „ich" statt „wir" sagt. Und als er davon spricht, zu „führen", sucht er sofort einen „schöneren" Ausdruck – und findet ihn: „motivieren" und „integrieren" wolle er. Für Schuster sind das keine fußball-politisch korrekten Vokabeln, sondern Ausdruck einer Geisteshaltung.

Dabei lief das allerletzte Spiel für einen der wichtigsten Freiburger Spieler dieses Jahrhunderts enttäuschend. Er durfte nämlich nicht mitspielen. 18 Spiele hatte Schuster in einer Saison gemacht, von der irgendwann im Frühjahr klar war, dass es seine letzte sein würde. In den letzten sechs Spielen stand er in fünfen auf dem Platz, nur um dann im letzten nicht einmal mehr eingewechselt zu werden. Obwohl Augsburg sich längst mit der Niederlage abgefunden hatte, obwohl die halbe Familie Schuster auf der Tribüne saß, obwohl das Stadion geradezu danach lechzte, den Kapitän bei seiner letztmaligen Einwechslung mit langem Applaus zu ehren. „Schwamm drüber", sagt Schuster heute, der sich mit Streich irgendwann später darüber natürlich unterhalten hat. Es gebe Wichtigeres.

Zum Beispiel ein Gespräch zur richtigen Zeit. Ein solches führte Schuster nämlich mit einem guten Freund, als er sich 2018 immer wieder die gleiche Frage stellte und immer wieder zu einer anderen Antwort kam. Nämlich, ob er noch ein Jahr als Spieler dranhängen oder die Karriere beenden und das Angebot, beim SC als Verbindungstrainer anzufangen, annehmen solle. Mit besagtem Freund, der praktischerweise beruflich in der systemischen Beratung tätig ist, ging er das Für und Wider noch einmal durch. Am Anfang des mehrstündigen Gesprächs haben die beiden viel gelacht, dann legte sich ein Schalter um, und Schuster war ganz bei sich. „Das hat mich völlig aufgeräumt. Danach wusste ich: Ich höre auf. Nicht: ‚Ich muss aufhören', sondern: ‚Ich höre auf.'"

Geborener Schaffer

Blöd nur, dass dieser innige Moment, in dem Schuster ganz bei sich und seiner Entscheidung war, gleich wieder vorbei war. Jedenfalls saß er schon drei Tage nach seinem letzten Bundesligaspiel in der Sportschule Kaiserau und lernte für den Trainer-B-Schein. Ein Durchschnaufen nach der langen Profikarriere, das gönnte sich Schuster nicht. „Ich habe gar nicht die Zeit gehabt, Gespräche zu führen, die Dinge zu reflektieren", weiß er. Das wäre, da ist er ehrlich zu sich, zwar besser gewesen. Es hätte aber auch nicht seinem Naturell entsprochen, weil er als geborener „Schaffer" wohl nie so ganz frei die Gedanken hätte kreisen lassen können, wenn die Zeit nach der Karriere noch völlig unstrukturiert gewesen wäre. Auch wenn er genau weiß, dass ihm ein paar Monate Pause gutgetan hätten, ahnt er offenbar, dass im Hinterkopf immer das Grübeln geblieben wäre, dass er immer wieder Zukunftsoptionen durchgespielt hätte. Zu groß wäre die Angst gewesen, vielleicht eine einmalige Chance zu verpassen. Und so irrational wäre diese Angst ja auch nicht gewesen. Denn beim SC hatten sie die Stelle eines Verbindungstrainers zwar durchaus mit Schuster im Hinterkopf konzipiert. Ob man sich aber nicht anders orientiert hätte, wenn die Wunschbesetzung erst mal ein Sabbatjahr eingelegt hätte, weiß niemand.

Es ist eigentlich auch völlig egal, denn Schuster muss nicht erst betonen, dass er mit sich und seinem neuen Job völlig im Reinen ist. Das merkt man dem Mann einfach an, der im Dezember 2019 seinen A-Schein machen wird. Dann bliebe nur noch die Fußballlehrer-Lizenz, die man erst bekommen kann, wenn man eine Mannschaft trainiert. Und so glaubhaft Schuster versichert, dass es keinen Zeitplan gibt, wann er die Prüfung ablegen will – man kann sich beim besten Willen nicht vorstellen, dass das nicht auch bald passiert. Für Julian Schuster wird es noch viel weiter gehen beim SC Freiburg. Und nachdem die Tür zum vermeintlichen Hausmeisterbüro wieder zugegangen ist, ist man sich noch sicherer als zuvor, dass das für beide Seiten eine ganz hervorragende Perspektive ist.

Der Autor

Christoph Ruf, Jahrgang 1971, arbeitet als Buchautor und freier Journalist u. a. für die *Süddeutsche Zeitung, Spiegel* und die GEW. Zudem hält er Vorträge und Referate über fanpolitische und politische Themen. Sein Buch *Ist doch ein geiler Verein* über Reisen in die Fußballprovinz wurde 2008 von der Deutschen Akademie für Fußballkultur zum Fußballbuch des Jahres gewählt. 2013 erschien von ihm *Kurvenrebellen – die Ultras*, 2017 *Fieberwahn. Wie der Fußball seine Basis verkauft,* das ebenfalls zum Fußballbuch des Jahres nominiert wurde.

Vom selben Autor

192 S., 13,5 x 21,5 cm, Paperback
ISBN 978-3-7307-0350-2
14,90 € | E-Book: 9,99 €

„Ein starkes Zeitdokument."
(11 Freunde)

„Ruf zeichnet ein präzises Bild des Status Quo, legt Finger in Wunden, zeigt mögliche Gefahren auf. Das tut er konsequent und auf eine Art und Weise, die spüren lässt, wie sehr ihm der Fußball als solcher am Herzen liegt."
(Westfälische Nachrichten)

„Eine äußerst differenzierte und vor allem umfassende Bestandsaufnahme des deutschen Fußballs."
(n-tv online)

⌐ Vom selben Autor ─────────────

208 S., 13,5 x 21,5 cm, Paperback, Fotos
ISBN 978-3-7307-0044-0
12,90 € | E-Book: 9,99 €

„Ein differenzierter Blick auf die Materie." (Süddeutsche Zeitung)

„Wer die Ultras nur aus der massenmedialen Berichterstattung kennt,
wird erstaunt sein, was sie alles zu bieten haben."
(Ballesterer)

„Ein wichtiges Buch, das in ‚Knüppel-aus-dem-Sack-Zeiten' nicht nur von
Szene-Kennern und Hardcore-Fans gelesen werden sollte."
(11 Freunde)

„Ohne Zweifel das beste bisher zu diesem Thema vorliegende Buch."
(Der Tödliche Pass)

Fanvereine im Porträt

224 S., 13,5 x 21,5 cm, Paperback
ISBN 978-3-7307-0387-8
16,90 € | E-Book: 12,99 €

„Schwermer hat für ihr Buch viel recherchiert und mit unzähligen Leuten gesprochen. ... Sie blickt auch in Länder, die im gängigen Fanverein-Narrativ bislang kaum Beachtung fanden." (11 Freunde)

„Stimmungsvolle Porträts. ... Schwermer lotet die Vorteile mitgliedergeführter Vereine aus, ohne die Schwierigkeiten aus dem Blick zu verlieren."
(junge Welt)

„Alina Schwermer porträtiert in ihrem Buch Fanvereine – und ihre Ansprüche und Herausforderungen. ... Es sind Geschichten von Idealismus, von Aufstiegen – und vom Scheitern."
(Ballesterer)

Die Rückkehr der Hooligans

192 S., 13,5 x 21,5 cm, Paperback, Fotos
ISBN 978-3-7307-0354-0
14,90 € | E-Book: 9,99 €

„Ein Buch, das man bis zum Ende nicht mehr aus der Hand legen mag. ...
Ein Must Read für jeden aufgeklärten Fußballfreund."
(junge Welt)

„Das Buch beleuchtet die äußerst komplexe Kultur der Hooligans intelligent und aus verschiedenen Perspektiven. Der Ethnologe Claus ist dabei eher Reporter als Wissenschaftler, was der Lektüre sehr guttut."
(11 Freunde)

„Höchst informative Abhandlung zur Wiedererstarkung der Hooligans. ...
Die Sachkenntnis des Autors ist beeindruckend."
(Der Tödliche Pass)